Die Welt des Übersinnlichen

W0186692

ein Ullstein Buch

Ullstein Buch Nr. 3547
im Verlag Ullstein GmbH, Frankfurt/M — Berlin — Wien
Englischer Originaltitel:
Witches and Witchcraft
Übersetzt von Eva Brückner-Pfaffenberger

Deutsche Erstausgabe

Umschlagentwurf: Hansbernd Lindemann
Umschlagabbildung: »Die Verzauberung« von Francisco Goya (1797/8)
[Museo Lazaro Galdiano, Madrid/Scala]
Alle Rechte vorbehalten
© 1976 Aldus Books Limited, London
Deutsche Ausgabe © 1978 by Verlag Ullstein GmbH,
Frankfurt/M — Berlin — Wien
Printed in Germany 1978
Gesamtherstellung: Augsburger Druck- und Verlagshaus GmbH
ISBN 3 548 03547 7

CIP-Kurztitelaufnahme der Deutschen Bibliothek
Kingston, Jeremy:
Hexenzauber, Hexenwerk / Jeremy Kingston.
[Übers. von Eva Brückner-Pfaffenberger].
— Dt. Erstausg. — Frankfurt/M, Berlin, Wien: Ullstein, 1978.
([Ullstein-Bücher] Ullstein-Buch; Nr. 3547: Die Welt d. Übersinnlichen)
Einheitssacht.: Witches and witchcraft ⟨dt.⟩
ISBN 3-548-03547-7

Jeremy Kingston

Hexenzauber Hexenwerk

Mit 24 farbigen und 73 einfarbigen Abbildungen

ein Ullstein Buch

INHALT

DIE VERFAHRENSWEISE DER HEXE

Es war fast Mitternacht am 10. Juli 1971, als sich zwei Polizeibeamte auf der Insel Jersey im English Channel an die Verfolgung eines Autos machten, das mit hoher Geschwindigkeit eine rote Ampel überfahren hatte. Nach einer Jagd holten sie den Fahrer ein, als er sein Auto mitten auf einem Feld stehenließ. Es kamen weitere Polizisten hinzu und halfen, den erbittert kämpfenden Mann zu überwältigen. Als sie ihn in einen Polizeiwagen schafften, bemerkte einer von ihnen etwas Seltsames an seiner Kleidung. Zwei Reihen scharfer Nägel ragten aus den Schultern seines Jacketts heraus. Er hatte eine weitere Reihe von Nägeln an den Aufschlägen und trug an den Handgelenken nägelbeschlagene Riemen. In der Polizeistation wurde der Mann durchsucht. In seinen Taschen fand die Polizei eine Perücke, eine Gesichtsmaske aus Gummi und ein Stück Pyjamaschnur. Es hatte den Anschein, daß sie endlich den »Vergewaltiger von Jersey« gefangen hatten – einen Mann, der die Insel mehr als ein Jahrzehnt terrorisiert hatte.

Die Überfälle hatten 1957 begonnen, als drei Frauen von einem Mann mit einem Messer bedroht worden waren. Im April 1958 warf ein Mann einem Mädchen einen Strick um den Hals, schleppte es auf ein Feld und vergewaltigte es. Im Oktober 1958 wurde ein Mädchen aus einer Hütte geschleppt und vergewaltigt. Ein ganzes Jahr lang hörten die Überfälle auf. Dann, im Januar 1960, nahmen sie eine alarmierendere Wendung. Ein zehnjähriges Mädchen wachte auf und sah einen Mann in seinem Schlafzimmer. Er warnte es, wenn es schreie, würde er seine Eltern beide erschießen. Der Mann trug eine Gummimaske. Er vergewaltigte das Mädchen in seinem eigenen Bett, nahm dann den Weg durchs Fenster und fuhr im Auto des Vaters des Mädchens davon. Einen Monat später überfiel der Sexualverbrecher einen zwölfjährigen Jungen. In den nächsten elf Jahren machten wiederholte Überfälle Jersey zu einer Insel des Schreckens. In vielen Fällen trug der Sexualverbrecher ein Kind in den Garten hinaus, vergewaltigte es und brachte sein Opfer ins Schlafzimmer zurück.

Als die Polizei 1971 den Mann mit einer Maske und einer Pyjamaschnur in seiner Tasche fing, zweifelte sie kaum daran, daß es der Vergewaltiger war. Sein Name war Edward John Louis Paisnel, er war in den frühen Fünfzigern.

Als er über die merkwürdige Kleidung befragt wurde, die er bei seiner Gefangennahme trug, erzählte Paisnel der Polizei, er sei auf dem Wege zu einer Art »Orgie« gewesen. Er ließ durchblicken, daß diese Versammlung mit Schwarzer Magie in Verbindung stünde und erklärte, daß alle Teilnehmer einander unbekannt seien, weil sie Masken trügen.

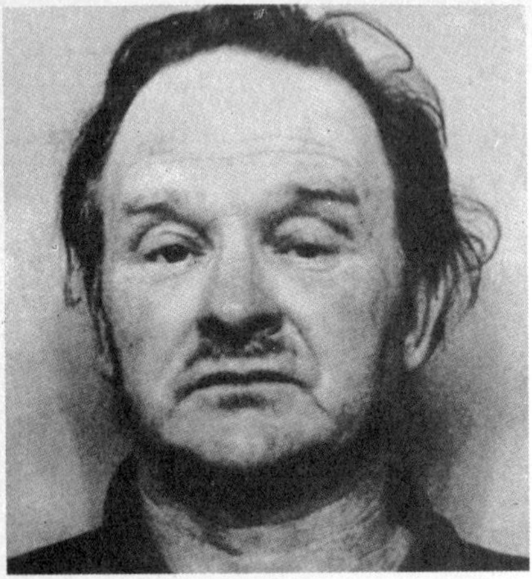

Edward Paisnel, Polizeiphoto nach seiner Verhaftung im Jahre 1971. Mehr als zehn Jahre lang hatte Paisnel, sogar ohne das Wissen seiner Frau, eine Reihe sexueller Überfälle auf Frauen und Kinder begangen, die die Insel Jersey terrorisiert hatten.

Bei seinen Überfällen trug Paisnel die Maske, Perücke und die nägelbeschlagene Jacke samt Handgelenkriemen, mit denen diese Puppe bekleidet ist. Er trug die Jacke und die Handgelenkriemen, als er verhaftet wurde.

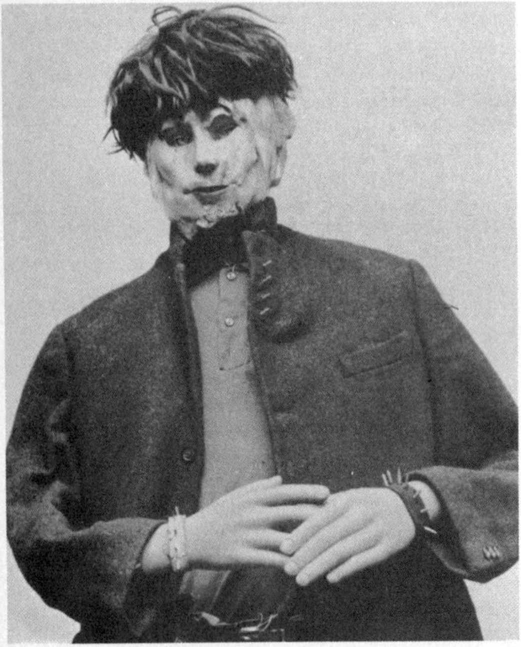

Als die Polizei Paisnels Wohnung durchsuchte, stellte sie fest, daß er von seiner Frau getrennt in seinem eigenen Zimmer schlief. In diesem Zimmer fanden sie eine Nische, die etwas enthielt, das ein kleiner Altar zu sein schien. Auf dem Altar standen eine Prozellankröte und ein kleiner Kelch. Über diesen Gegenständen hing ein Dolch an einem Stück Kordel.

Im selben Zimmer fand die Polizei einen Schrank, der sich an Angeln von der Wand abdrehen ließ. Dahinter befand sich ein kleiner Raum, der einen blauen Trainingsanzug und einen rehbraunen Regenmantel enthielt. Frühere Beschreibungen des Sexualverbrechers von Jersey hatten einen blauen Trainingsanzug und einen rehfarbenen Regenmantel erwähnt.

Trotzdem fuhr Paisnel fort, seine Unschuld zu beteuern. Er blieb dabei, daß er Mitglied einer Gruppe sei, die Schwarze Magie praktiziere und in keiner Verbindung mit den Vergewaltigungen stünde. Dann kam der Durchbruch. Das Auto, das Paisnel vor seiner Verhaftung gefahren hatte, erwies sich als gestohlen. Im Handschuhfach entdeckte die Polizei ein Kruzifix aus Palmzweigen – offenbar das Eigentum des Autobesitzers. Der Detektiv, der den Fall übernommen hatte, warf es vor Paisnel auf den Tisch und fragte: »Ist das Ihres?«

Paisnels Gesicht wurde rot. Seine Augen traten hervor. Dann fing er an zu lachen. »Nein, es ist nicht meins.« Dann nach einer Pause: »Mein Meister würde sehr lange und sehr laut darüber lachen.«

Der Detektiv brauchte ihn nicht nach dem Namen seines »Meisters« zu fragen. In Paisnels Zimmer hatte die Polizei verschiedene Bücher über Hexerei und Schwarze Magie gefunden. Paisnel sprach vom Teufel.

Die Polizei machte einen weiteren interessanten Fund. Unter Paisnels Büchern war eine Biographie des Kindermörders aus dem 15. Jahrhundert, Gilles de Rais – der Mann, auf den sich die Blaubartgeschichte stützte. Gilles de Rais war einer der reichsten Adligen Europas gewesen und hatte tapfer an der Seite Jeanne d'Arcs gegen die Engländer gekämpft. Seine Verschwendungssucht zwang ihn, viele seiner Güter zu verpfänden, und schließlich begann er, Schwarze Magie zu praktizieren, in der Hoffnung, er könne mit der Hilfe des Teufels das Geheimnis entdecken, wie man Blei in Gold verwandeln könne. Einige dieser Rituale der Schwarzen Magie erfordern »Blut unschuldiger Jungfrauen«, und dies mag erklären, wie Gilles zu seiner Vorliebe für das Töten von Kindern kam. Als Gilles verhaftet wurde – weil er im Verlaufe eines Streites einen Priester angriff –, wurde sein Wohnsitz durchsucht, und man fand in einem verriegelten Turm die zerstückelten Überreste von mehr als fünfzig Kindern. Gilles gestand, daß er die Kinder ermordet hatte, nachdem er sadistische Handlungen an ihnen begangen hatte. Er wurde im Oktober 1440 auf dem Scheiterhaufen verbrannt.

Der Polizei wurde allmählich klar, daß Paisnel von Gilles de Rais besessen war. Es scheint sogar glaubhaft, daß er meinte, er sei eine Reinkarnation von Gilles. Keine weiteren Mitglieder der »Schwarze-Magie-Gruppe« wurden je ausfindig gemacht. Vermutlich existierten sie nur in Paisnels Einbildung. Paisnel, der wegen sieben Vergewaltigungen angeklagt wurde, wurde für schuldig befunden und zu dreißig Jahren Gefängnis verurteilt.

Es scheint gesichert, daß Paisnel kein Schreibtischschüler des Okkulten war. Er praktizierte Schwarze Magie, und er glaubte, daß er seine Seele dem Teufel verkauft habe. Er betete seinen »Herrn« vor einem Altar an, und wahrscheinlich brachte er Gebete dar, bevor er auf die Suche nach seinen Opfern ging. Es ist ein ironischer Zufall, daß das Auto, das er für seine letzte Expedition stahl, ausgerechnet ein Kruzifix enthielt.

Paisnel hatte keinen Grund, sich vor dem Geständnis zu fürchten, daß er Schwarze Magie praktizierte. Englands Hexereigesetz wurde 1951 aufgehoben, und seitdem sind Hexen und Hexer in der Lage, ihre Hexerei ohne Furcht vor Verfolgung zu praktizieren. Aus der Sicht des Britischen Parlamentes war das Gesetz veraltet. Die Gesetzgeber glaubten, daß es keine Hexen und Hexer in England gäbe und wahrscheinlich nie gegeben habe.

Ein Mann, der in heftigem Widerspruch zu dieser Ansicht steht, war Gerald Gardner. Er war der Verfasser eines Buches mit dem Titel *High Magic's Aid,* das verschiedene von mittelalterlichen Hexen ausgeübte Rituale im einzelnen beschreibt. Im Jahre 1954, drei Jahre nach der Aufhebung des Hexereigesetzes, veröffentlichte Gardner ein Buch mit dem Titel *Wichcraft Today,* in dem er ziemlich deutlich werden ließ, daß er selbst ein praktizierender Hexer sei. Er erklärte, daß es noch Dutzende *Covens* – Hexenbünde – in England gäbe, welche die Riten praktizierten, die er in seinem früheren Buch beschrieben hatte.

Witchcraft Today ist ein faszinierendes aber verwirrendes Buch. In ihrer Einleitung dazu sagt die Anthropologin Dr. Margaret Murray, daß »Dr. Gardner in seinem Buch gezeigt hat, wie viel an der sogenannten ›Hexerei‹ von frühen Ritualen stammt und nichts mit Verhexen und anderen bösen Praktiken zu tun hat.« In Wirklichkeit zeigt Dr. Gardner nichts dergleichen. Er entwickelt und popularisiert lediglich die dreißig Jahre zuvor von Margaret Murray selbst dargelegten Ansichten. Dr. Murray behauptete, Hexerei oder der »Dianische Kult«, wie sie es nannte, sei eine uralte heidnische Religion, weitaus älter als das Christentum. Sie verfolgte den Kult zurück zur prähistorischen Verehrung der fruchtbaren Großen Mutter, dem ältesten aller frühen Götter, und des Gehörnten Gottes, einem urzeitlichen Symbol der Stärke. Gardner, der dieses Thema aufgriff, erklärte, daß die Hexerei die Religion der ersten Einwohner Britanniens gewesen sei. Er legte nahe, daß diese frühen Britannier Pygmäen oder »kleine Leute« waren und den Ausgangspunkt für die Sagen von Feen, Elfen und Zwergen gebildet hätten. Unter Wogen von Eindringlingen wurden diese kleinen Leute in Schlupfwinkel getrieben und nahmen ihre alte Religion mit. Als das übrige Britannien christianisiert wurde, hielten sie weiterhin an entlegenen Orten ihre seltsamen, orgiastischen Zeremonien ab. Die abergläubischen Bauern hatten Angst vor ihnen, aber die Adligen und ihre Damen schlossen sich ihnen häufig an.

Diese unglaublichen Behauptungen erregten zusammen mit der Andeu-

Diese Zeichnung aus dem späten 19. Jahrhundert ist ein Beispiel für das volkstümliche Bild der Hexe. Das häßliche alte Weib mit einer Hakennase und einem kegelförmigen Hut reitet auf einem Besenstiel mit ihrer Vertrauten, der Katze.

Wie der Hohe Priester auf der Abbildung oben trägt dieser Medizinmann-Priester aus dem Paläolithikum eine gehörnte Kopfbedeckung, das Symbol seiner Verehrung des Gehörnten Gottes.

tung, daß moderne Hexen und Hexer sexuelle Orgien praktizierten, das Interesse der britischen Presse. Im Alter von siebzig Jahren war Gardner plötzlich berühmt. Weit verbreitete Sonntagszeitungen machten ihn ausfindig und druckten seine Beschreibungen von Hexenzusammenkünften, genannt Sabbathe oder Sabbate – einschließlich nackter Hexen und ritueller Auspeitschungen. Es stellte sich heraus, daß Gardner selbst die Art von Mann war, die ein gutes Objekt für Sensationsjournalisten abgibt. Er wurde 1884 als Sohn eines reichen Holzkaufmanns in Lancashire geboren. Sein Vater war ein bekannter Exzentriker, der all seine Kleider auszuziehen und sich auf sie zu setzen pflegte, wenn es regnete. Gardner entwickelte in seiner Kindheit auf Reisen im Mittleren Osten mit einer drallen irischen Kinderfrau eine Neigung zum Vojeurismus und zum Verprügeltwerden. Später sollten Nacktheit und rituelle Auspeitschung in seinen Schriften über Hexerei eine auffällige Rolle spielen. Er lebte bis 1936 im Osten und entwickelte einen Hang für Waffen, insbesondere Messer. Sein erstes Buch war eine Studie über den malaiischen *Kris,* einen Dolch mit geschwungener Klinge. Dann kehrte er nach England zurück und wurde Forscher und Praktiker der Magie. Seinem eigenen Bericht zufolge wurde er 1946, als er im New Forest in Südengland lebte, in die Hexerei eingeführt. Dort begegnete er einer Hexe, genannt Old Dorothy – angeblich eine Adlige –, die ihn über den Kult der Hexerei unterrichtete und ihn davon überzeugte, daß er der Überrest einer alten heidnischen Religion sei.

Die Wahrheit dieses Berichtes ist seitdem weitgehend in Frage gestellt worden. Einige von Gardners »uralten« Ritualen wurden als Produkte seiner eigenen Phantasie kritisiert – sowohl von Skeptikern, welche die Hexerei ablehnen, wie von Hexen, welche Gardner ablehnen. Er war offenbar kein sehr wahrheitsliebender Mann. In zahlreichen Nachschlagewerken bezeichnete er sich selbst als einen Ph. D. und einen D. Litt. Andernorts gab er zu, daß er nie eine Universität besucht hatte. Ein Professor an der Universität von Leeds hat berichtet, wie Gardner vor einem Internationalen Kongress über Meeresfolklore einen Vortrag über den Fischereizauber der Bewohner von Man vorgelesen und dabei den Eindruck vermittelt habe, er basiere auf seiner eigenen Forschung. In Wirklichkeit war der Vortrag fast vollständig einem Artikel entnommen, der in den Proceedings of the Isle of Man Natural History Society erschienen war. Trotz seiner Kritiker gewann Gardner jedoch Hunderte von neuen Anhängern für den Hexenkult, und als er im Alter von achtzig Jahren starb, verbreiteten die britischen Zeitungen Schlagzeilen über den Tod des »Königs der Hexer«. Wie auch immer seine Stellung als Gelehrter aussah, Gardner wurde als die führende Gestalt in der Wiederbelebung der Hexerei anerkannt. Seit seinem Tode entstanden in ganz England und den Vereinigten Staaten Hexenbünde, und allein in den Vereinigten Staaten existieren schätzungsweise zwischen 10 000 und 20 000 aktive Hexen.

Aber was ist eigentlich die Hexerei, die Gardner neu belebte? Für die meisten von uns beschwört das Wort »Hexe« wahrscheinlich ein Bild eines häßlichen alten Weibes mit einem kegelförmigen Hut herauf, das auf Besenstielen reitet und böse Zauber vollführt. Aber die Mehrzahl der modernen Hexen versichert, sie verabscheue das Böse und übe ihr Zauberhandwerk zum Guten der Menschheit aus. Jede Geschichte der Hexerei ist von der Tatsache verhext, daß Hexerei – ebenso wie die Dämonen, deren Heraufbeschwörung ihre Anhänger bezichtigt wurden – vor unseren Augen die Gestalt wechselt. Zu einer Zeit ist sie nützlich oder zumindest harmlos. Zu einer anderen Zeit ist es eine weltweite Verschwörung, die plant, die Welt in ihre Gewalt zu bekommen.

In den ersten 1400 Jahren der christlichen Ära war Hexerei gleichbedeutend mit Zauber und Magie. Hexen oder Zauberer vollführten Zauber, mischten Liebestränke, riefen schönes Wetter herbei oder schlechtes und vollführten die vielen anderen magischen Handlungen, welche Zauberer, Medizinmänner und Stammesschamanen seit Anbeginn praktiziert haben. Solche Leute wurden von den christlichen Autoritäten mißbilligt, wurden jedoch nie als Bedrohung für die Gesellschaft betrachtet.

Seit etwa 1400 jedoch, und insbesondere zwischen 1550 und 1650, war Europa von der Großen Hexenpanik ergriffen. Man glaubte, die Christenheit sei heimgesucht von unzähligen Millionen böswilliger Hexen, von denen eine jede sich dem Sturz der christlichen Welt verschrieben habe. Sie waren in jeder Stadt und jedem Dorf zugegen. Indem sie auf ihren nächtlichen Flügen zu den Großen Sabbaten Europa der Länge und Breite durch Zauberkraft bereisten, bildeten sie eine internationale Verflechtung des Bösen. Obwohl sie gefoltert und verbrannt wurden – zuerst zu Dutzenden, dann zu Hunderten und schließlich zu Tausenden –, entdeckte man, daß ihre Zahl ständig wuchs, bis es den rasenden Hexenjägern so vorkam, als sei die Welt im Begriff, für immer der Schreckensherrschaft Satans anheimzufallen.

Gegen Ende des 17. Jahrhunderts war der Wahnsinn vorbei. Die Feuer waren gelöscht und die Hexengalgen abgebrochen. In Bauerngemeinden konnten alte Frauen, die dabei belauscht wurden, daß sie vor sich hinmurmelten, immer noch bezichtigt werden, zu Dämonen in Beziehung zu stehen, aber sie brauchten nicht länger um ihr Leben zu fürchten. Im 18. und 19. Jahrhundert rückte eine neue Erscheinungsform, die Schwarze Messe, in den Vordergrund. Anti-Christen feierten eine Parodie auf die katholische Messe auf dem nackten Körper einer Jungfrau und ließen der Zeremonie sexuelle Orgien folgen. Obwohl diese Leute nicht behaupteten, sie seien Hexen, basierten ihre Rituale auf den frevlerischen Praktiken, die während der Großen Hexenpanik mit Hexerei in Verbindung gebracht wurden.

Unter dem Einfluß von Margaret Murray und Gerald Gardner wird die Hexerei heute von den sogenannten weißen Hexen beherrscht, die behaupten, auf der Seite des Guten zu stehen. Sybil Leek, eine der führenden lebenden Hexen Amerikas, war früher die Führerin eines englichen Hexenbundes, der sein Zentrum im New Forest hatte. In einem Interview mit dem Londoner *Daily Express* im Jahre 1964 erklärte sie, »ich bin eine weiße Hexe und

Hexenverbrennung, ein Stich von 1583. Im mittelalterlichen Europa, in dem das Leben stets hart und gefährdet war, wurde die Hexe zum passenden Sündenbock für jedes Mißgeschick. Die weise Dorffrau, die in früheren Zeiten wegen ihrer harmlosen Zauber und ihrer Kräuterheilmittel geduldet wurde, wurde verfolgt, und der bloße Verdacht reichte aus, um viele Unschuldige in die Folterkammern und in einen qualvollen Tod auf dem Scheiterhaufen zu schicken.

Die junge attraktive Louise Huebner hat versucht, das seit langem bestehende Bild der Hexe in das einer verführerischen Zauberin zu verwandeln. Sie hat einen Bericht mit dem Titel *Seduction Through Witchcraft* abgefaßt und in einem Buch, *Power Through Witchcraft,* Zauber beschrieben, die für die Sexualität und »wie-kriegt-man-einen-Mann« von Nutzen sind. Louise Huebner, die als Fernsehpersönlichkeit und Nachrichtenkolumnistin an der amerikanischen Westküste allgemein bekannt ist, wurde vor kurzem zur »Offiziellen Hexe von Los Angeles« ernannt.

Ein Medizinmann des afrikanischen Bemba-Stammes versucht eine Heilung durch die Opferung eines Huhnes. Volksstämme wie die Bemba betrachten den Hexer oder Medizinmann immer noch als ein wertvolles Mitglied ihrer Gesellschaft und konsultieren ihn als Arzt, Priester und Wahrsager.

Crowley, der den Kopf seines Stabes betrachtet. Obwohl er ein praktizierender Magier war, der für die heutigen Okkultisten eine Kultfigur geworden ist, war Crowley selbst in Wirklichkeit kein Hexer.

komme aus einer langen Reihe weißer Hexen, die nur dazu da sind, um Gutes zu tun.«

Obwohl weiße Hexen häufig in den Hexenschlagzeilen der Gegenwart auftauchen, erscheinen sie selten in den Hexensagen der Vergangenheit. Die Zentraltradition der Hexerei – wie sie in der Zeit der Verfolgungen definiert wurde – bestand stets in der Verehrung des Teufels. Die Hexe wie der Zauberer konnten Magie praktizieren, doch bestand der bezeichnende Unterschied zwischen beiden in der *Intention.* Beide können zwar verzaubern, verhexen, Liebestränke und andere »Molchaugen-, Froschzehen«-Mixturen bereiten. Beide können Dämonen oder sogar Satan selbst heraufbeschwören und durch einen Pakt die Seele dem Teufel verkaufen. Doch das Motiv des Zauberers oder der Zauberin ist, in dieser Welt mit Hilfe von böser Magie und dämonischer Unterstützung für sich selbstsüchtig Reichtümer oder Macht oder Vergnügen zu erlangen.

Auf der anderen Seite haben Hexen kein eigennütziges Motiv. Ihre magische Macht wird eingesetzt, um den Zwecken des *Teufels,* nicht ihren eigenen, zu dienen. Ihre Hauptfunktion ist die Teufelsverehrung, welche die freiwillige Nichtanerkennung Gottes und des christlichen Glaubens beinhaltet. Daher müssen Hexen, anders als Zauberer, als Teil der dunklen Seite des Christentums betrachtet werden. Sie sind die menschlichen Abgesandten der Hölle, ebenso wie der Geistliche landläufig der menschliche Vertreter des Himmels ist.

Die weißen Hexen des 20. Jahrhunderts stehen außerhalb der europäisch-amerikanischen Hexentradition mit ihrem Schwergewicht auf der Teufelsverehrung. Moderne weiße Hexen wie Gardner behaupten, Erben einer alten religiösen Tradition zu sein und nicht eines Kultes des Bösen. Sie verweisen auf die Ableitung des Wortes »witch« (Hexe) vom angelsächsischen *wicca,* das heißt, »der Weise« und benutzen das Wort Wicca als Name für ihren Kult. Die weißen Hexen wenden, wie ihre schwarzen Gegenspieler, viele Techniken der Zauberei an und befassen sich mit Tätigkeiten, die vielen der gleichsam religiösen Zeremonien der traditionellen Hexen ähneln. Ihre Verehrung gilt jedoch der Erdmutter und dem Gehörnten Gott, und sie stellen nachdrücklich in Abrede, daß es eine Verbindung zwischen dem Gehörnten Gott und dem Teufel gibt. Gardner zufolge ist der von den Anhängern Wiccas verehrte zwiegesichtige Gehörnte Gott nicht Satan, sondern ein Fruchtbarkeitsgott, der im allgemeinen unter dem römischen Namen Dianus oder Janus bekannt ist. Er verkörpert den Zyklus der Jahreszeiten und die Ernten, und die Riten, die ihm zu Ehren vollzogen werden, haben das Ziel, die anhaltende Fruchtbarkeit der Erde zu gewährleisten. Er wurde ebenfalls mit dem berühmten prähistorischen Gemälde de Trois Frères Caves in den französischen Pyrenäen in Verbindung gebracht, das anscheinend einen Tänzer in einer Tierhaut mit großen verzweigten Geweihsprossen darstellt. Gardner ist der Meinung, daß die Hörner des Gottes in der Anschauung der Christen zur Verwechslung mit Satan führten und daß einige Hexen diese Verwechslung unterstützten, um ihre Feinde von sich fernzuhalten.

In den späteren Jahren seines Lebens ließ sich Gardner in Castletown auf der Insel Man nieder, wo er ein Museum für Hexerei gründete. Nach seinem Tode wurde das Museum von Monique Wilson, einer schottischen Hexe, die als »die Lady Olwen« bekannt ist, und ihrem Mann Campbell, einem ehemaligen Bomberpiloten, übernommen. Monique Wilson nahm außerdem den Titel »Königin der Hexen« an. In einem kürzlich vom englischen Journalisten Colin Cross durchgeführten Interview erklärte sie: »Es ist ein Titel, der von drei oder mehr Hexenbünden verliehen wird. Er gilt als eine Ehre, aber in Wirklichkeit bedeutet er, daß ich den Kopf hinhalte, wenn etwas schief geht. Ich vermittle bei Unstimmigkeiten, die in Bünden unter meiner Rechtshoheit auftreten. Natürlich gibt es viele Bünde, die völlig unabhängig sind. Ich war lange die einzige Hexenkönigin, aber vor einigen Jahren krönten wir eine für Amerika, wo die Hexerei sehr rasch zunimmt.«

Monique Wilson schätzte, daß es in England etwa 2500 Hexen gibt. Andere haben die Zahl viel höher angesetzt, zwischen 5000 und 10 000. »Ein Bund besteht aus einer Mindestzahl von zwei Mitgliedern und einer Höchstzahl von 13; wenn er die Grenze erreicht, spaltet er sich«, erklärte Mrs. Wilson. »Eine weibliche Hexe wird immer von einem Mann geweiht und eine männliche von einer Frau.«

Hexen sind bei ihren Ritualen gewöhnlich nackt, aber die Wilsons stritten ab, daß die Hexereibewegung in Wirklichkeit ein Vorwand für Sex sei. »Wahrscheinlich gibt es ein oder zwei sogenannte Bünde, die aus sexuellen Gründen tätig sind«, sagte Campbell Wilson. »Jeder kann ein Buch lesen und seinen eigenen Bund mit seinen eigenen Regeln gründen. Aber in der wirklichen Hexerei ist Sex nur ein sehr kleiner Teil des Ganzen.«

Die Wilsons sagten weiter, es gäbe einige schwarze Hexen – jene, die ihre Macht nutzen, um Leuten zu schaden –, aber ihrer Ansicht nach seien diese Hexen selten. Dennoch gibt es genügend Beweismaterial, um nahezulegen, daß diese dunklen Kräfte der Hexerei – die Kraft, schädliche Zauber zu vollführen und Flüche zu verhängen – kein reiner Aberglaube sind und daß sie heute noch ausgeübt werden.

In der Enzyklopädie *Man, Myth and Magic* beschreibt der Photograph Serge Kordiev, wie er und seine Frau Mitglieder eines Bundes wurden. Nachdem er einen Artikel in einer Sonntagszeitung geschrieben hatte, in dem er sein Interesse am Okkulten beschrieb, erhielt er einen Telephonanruf von einem Mann, der fragte, ob er Interesse daran hätte, sich einem Hexenkult anzuschließen. Er sagte zu. Auf Verabredung wurden die Kordievs in einem kostspieligen Auto abgeholt und zu einem großen, alten Haus gefahren. Nachdem sie Drinks an einer Bar erhalten hatten, wurde ihnen befohlen, sich auszuziehen und kleine schwarze Satinschürzen umzubinden. Sie wurden dann in einen großen Raum mit einem schwarzen Boden und roten Teppichen an den Wänden gebracht. Ein halbes Dutzend mit Kapuzen vermummter Gestalten stand vor einem Altar. Ein nackter Mann, dessen Körper vor Öl glänzte, erschien vor dem Altar. Zwei Mädchen in schwarzen Roben standen an seinen Seiten. Den Kordievs wurde befohlen niederzuknien, Satan ewige Huldigung zu schwören und ihre Schwüre in Blut zu unterzeichnen. Dann wurden ihnen magische Namen gegeben, und der nackte Mann legte seine Hand auf ihre Genitalien und erregte damit »ein merkwürdiges, prickelndes Gefühl«.

Nach mehreren weiteren Zusammenkünften, fingen die Kordievs an, sich Gedanken über den Kult zu machen. Bei einer Gelegenheit wurde ein junges Mädchen bezichtigt, es verrate die Geheimnisse der Gruppe. Es wurde dazu genötigt, als menschlicher Altar zu dienen, während die Schwarze Messe über ihr gesprochen wurde, wonach sie vom Meister vergewaltigt wurde. Als die Kordievs feststellten, daß sie noch eine »Einsegnungszeremonie« durchzumachen hatten, die Sexualverkehr mit dem Meister und einer Hohen Priesterin enthielt, beschlossen sie, die Gruppe zu verlassen.

Fast augenblicklich begannen ihre Schwierigkeiten. Eines Tages kamen sie spät nachts nach Hause und entdeckten eine riesige Kröte, die auf ihren Hausstufen saß. Bei einer anderen Gelegenheit hörten sie wahnsinniges Gelächter und Geräusche von zersplitterndem Glas, die aus Kordievs Studio kamen. Als sie dem nachgingen, stellten sie fest, daß das Studio zertrümmert worden war, aber die Türen waren immer noch verschlossen, und die Fenster waren von *innen* zertrümmert worden, wobei das ganze Glas draußen auf dem Rasen verstreut worden war. Es folgten viele Unglücksmonate.

In seinem Buch *Experiences of a Present Day Exorcist* vertritt der Reverend Donald Omand die Ansicht, daß ein großer Teil der »schwarzen Magie« das Ergebnis einer Art feindlichen Gedankendrucks sei. Er ist fest davon überzeugt, daß, wenn ein Arbeiter in einer Fabrik »nach Coventry geschickt« wird (ein englischer Ausdruck für das Ignorieren eines Mitarbeiters als Strafe), die feindlichen Gedankenwellen der anderen tatsächlichen physischen und psychischen Schaden anrichten können – ganz abgesehen von irgendwelchen Wirkungen, die der Suggestionskraft zugeschrieben werden könnten. Leser von Ira Levins Roman *Rosemary's Baby,* werden sich an die Episode erinnern, in der ein Kreis schwarzer Hexen den Tod eines Menschen durch »Übelwollen« verursachen. Es könnte durchaus sein, daß dieses »Übelwollen« und Reverend Donald Osmands »feindlicher Gedankendruck« ein und dasselbe Phänomen darstellen.

Hexerei und schwarze Magie haben heutzutage in den Vereinigten Staaten sogar eine größere Beliebtheit gewonnen als in England. Jedoch ähneln die weißen Hexen der Vereinigten Staaten sehr stark ihren englischen Ebenbildern, und ihre Tätigkeiten basieren weitgehend auf den von Gerald Gardner neubelebten oder erfundenen Ritualen. Die beiden führenden weißen Hexen der Vereinigten Staaten, Sybil Leek und Raymond Buckland, sind beide britischer Herkunft. Sybil Leek, eine stattliche Endvierzigerin, gibt an, sie könne ihre Hexenahnenreihe bis ins 12. Jahrhundert zurückverfolgen. Nach ihrer Ankunft in den Vereinigten Staaten im Jahre 1964 wurde sie in Rundfunk und Fernsehen eine allgemein bekannte Persönlichkeit. Sie lebt jetzt in Houston, Texas, wo sie Kurse über Okkultismus organisiert und ein Restaurant namens »Sybil Leeks Cauldron« führt.

Verglichen mit Sybil Leek hat Raymond Buckland einen weitaus zurückhaltenderen Zugang zu seiner Hexerei, aber er hat wahrscheinlich mehr als jeder andere amerikanische Hexer dazu beigetragen, der modernen Hexerei ein seriöses Ansehen zu geben. Als Hoher Priester eines New Yorker Hexenbundes gibt Buckland eine Monatszeitschrift mit dem Titel *Beyond* heraus und hat an der Bayshore, Long Island, sein eigenes Museum für Hexerei gegründet. Buckland, der einstige Schüler Gerald Gardners, spottet über diejenigen, die behaupten, »König« oder »Königin« der Hexen zu sein, und erklärt, daß die Hexenbewegung viel zu zerstreut sei, als daß ein solcher Titel irgendeine Bedeutung haben könne. Nichtsdestoweniger hat es mehrere Versuche gegeben, die Hexen der Vereinigten Staaten samt der in New York ansässigen Witches International Craft Association zu vereinigen. Diese Organisation ist eine Art »Hexenbefreiungsbewegung«.

Amerikanische Hexerei hat auch ihre dunklere Seite mit einem steigenden Interesse an der Praxis der Schwarzen Magie und des Satanismus. Die meisten Gruppen der Schwarzen Magie sind in Kalifornien angesiedelt, und der Aufstieg solcher bösen Kulte ist verbunden mit dem steigenden Konsum halluzinogener Drogen wie Meskalin und LSD.

Amerikas berüchtigtster schwarzer Hexer Anton Szandor La Vey ist ein ehemaliger Zirkusdirektor und Polizeiphotograph. Am 30. April 1966 eröffnete La Vey die »Erste Kirche Satans« in der California Street in San Francisco. (Am 30. April ist Walpurgisnacht, das große Fest des Hexenjahres.) La Vey und seine Anhänger praktizieren offen Schwarze Magie, indem sie ihre Gegner mit bösen Flüchen belegen, Hochzeiten, Beerdigungen und Taufen im Namen Satans vollziehen und »Befriedigung statt Enthaltsamkeit« predigen. Die Kirche Satans ist der Teufelsanbetung und der Verherrlichung fleischlicher Genüsse ergeben – eine Parole, die von den Versicherungen von Sybil Leek und den Wilsons weit entfernt ist.

La Vey, der mal als »Hoher Priester der Hölle« mal als »Schwarzer Papst Amerikas« bekannt ist, gibt sich größte Mühe, satanisch auszusehen, indem er einen spitzen schwarzen Fu-Mandschu-Bart trägt und sich den Schädel rasiert. Er ist der Verfasser eines Werkes mit dem Titel *The Satanic Bible,* das Satansanrufungen in einer Sprache, genannt »Enochian«, und La Veys eigenes System »satanischer Moral« enthält. La Vey erklärt: »Gesegnet seien die Starken, denn sie sollen die Erde besitzen. Verflucht seien die Schwachen, denn sie sollen ausgelöscht werden!«

La Veys Kirche vergrößert sich, jedoch gibt es viele Fachleute des Okkulten, die behaupten, niemand könne gefahrlos mit Schwarzer Magie umgehen. Ein Ereignis, das sich 1967 zutrug, scheint diese Ansicht zu erhärten. Am Abend des 29. Juni brach ein Mann in mittleren Jahren plötzlich in seiner Wohnung in San Francisco zusammen. Er und seine Familie waren alle Mit-

Sybil Leek mit ihrer zahmen Dohle. Die Engländerin und ehemalige Leiterin eines Hexenbundes im New Forest emigrierte 1964 in die Vereinigten Staaten und ist heute eine der bedeutendsten weißen Hexen in Amerika.

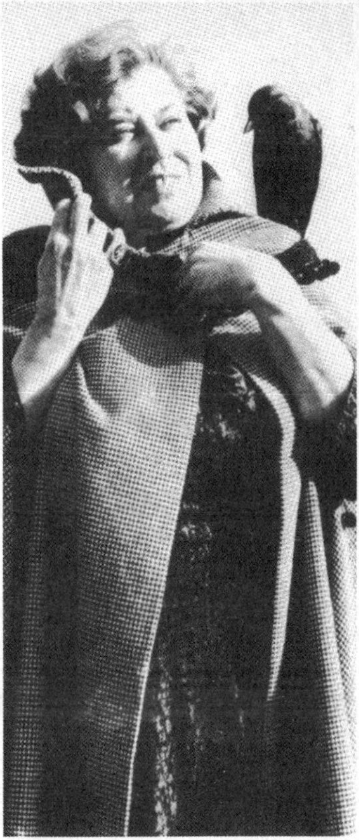

Dieses Detail eines 1610 hergestellten Stiches zeigt Hexen und Dämonen beim Sabbatfestmahl. Babys und Kleinkinder spielten eine grausige Rolle im Ritual der Schwarzen Magie; sie wurden während der Schwarzen Messe dem Teufel geopfert und von seinen Anhängern beim darauffolgenden Festmahl gegessen. Darstellungen dieser Festmähler weichen voneinander ab, einige beschreiben das Essen und die Weine als köstlich, andere als abstoßend und weder Hunger noch Durst stillend.

glieder von La Veys Kirche. Als seine Frau und sein Sohn neben ihm niederknieten und versuchten, ihn wiederzubeleben, hörten sie eine Frauenstimme von seinen Lippen kommen, die sagte: »Ich will nicht sterben.«

Die Mutter und der Sohn erkannten die Stimme sofort als die der Schauspielerin Jane Mansfield, ebenfalls ein Mitglied der La Vey-Gemeinde. Später erfuhren sie, daß die Schauspielerin kurze Zeit zuvor an demselben Abend bei einem Autounfall gestorben war. Sie war mit ihrem Anwalt auf einer schmalen Straße in der Nähe von San Francisco gefahren, als ein Lastwagen unter einer engen Brücke herausschoß und gegen ihren Wagen prallte. Jane Mansfield wurde enthauptet und ihr Anwalt, Sam Brody, wurde ebenfalls getötet.

Zeitungsreporter gruben kurz darauf die Geschichte eines heftigen Konfliktes zwischen Brody, der Jane Mansfields Liebhaber sowie ihr Rechtsanwalt war, und La Vey aus. Er war entstanden, weil das Filmstudio Jane Mansfield als Nachfolgerin Marilyn Monroes aufbaute, und Gerüchte über ihre Zugehörigkeit zur Kirche Satans waren schlechte Publicity. Brody drohte, er würde eine Zeitungskampagne einleiten, die La Vey aus San Francisco vertreiben würde, und La Vey rächte sich, indem er einen feierlichen rituellen Fluch über Brody verhängte. Er sagte Brody, er würde ihn innerhalb eines Jahres tot sehen, und kurz vor Jane Mansfields Tod warnte er sie, nicht in Brodys Auto mitzufahren. »Sie war ein Opfer ihres eigenen Leichtsinns«, sagte La Vey ruhig nach dem Unfall; es gab jedoch Mitglieder des okkulten Untergrunds Kaliforniens, die offen erklärten, La Veys Fluch sei außer Kontrolle geraten und habe die Anhängerin sowie den Ungläubigen getötet.

Nach Jahrhunderten der Unterdrückung macht die Hexerei eine unerwartete Periode des Wiederauflebens durch. Wie das Christentum, das sie so häufig parodiert, kann sie sich vieler verschiedener Sekten rühmen. Seit 1960 haben mehr als tausend Bücher über das Thema den Markt überschwemmt. Viele von ihnen sind schlichtweg ein Sammelsurium berühmter Fälle. Einige sind Do-it-yourself-Handbücher, die erklären, wie man die Zukunft liest und zaubert. Nur einige wenige sind ernsthafte Versuche, das Wesen der Hexerei zu erklären. Doch selbst wenn sich der Schüler auf diese wenigen beschränkt, bleibt er möglicherweise verwirrt zurück. Warum sind Hexen stets mit abergläubischer Furcht betrachtet worden, wenn Hexerei nur ein anderer Name für die alte Religion Wicca ist? Warum bekannten sich so viele Hexen unter derselben Bezeichnung zu ihrer Tätigkeit, wenn die Hexenzeremonien der mittelalterlichen Zeit mit ihrem Verkehr mit Dämonen nichts weiter als Täuschungen waren? Wie weit sind Hexen Opfer ihrer eigenen gespenstischen Phantasie? Sollte ein Mann wie Edward Paisnel als ein schwarzer Hexer oder ein Mann, der unter einer Geisteskrankheit leidet, betrachtet werden?

Einige dieser Fragen können beantwortet werden. Die Antworten auf viele andere mögen niemals ganz gefunden werden. Die Suche nach der Wahrheit über Hexerei wird uns in die trüben stehenden Wasser der Folkore führen. Sie wird Geschichten über Leichtgläubigkeit, Gier, Heuchelei und Sadismus aufdecken. Sie wird ebenfalls zeigen, wie die unkontrollierten sexuellen Phantasien der Menschen in der ganzen Welt Folter, Tod und Terror entfesseln können.

DIENER SATANS

Die erst kürzlich erfolgte Wiederbelebung der Hexerei hatte noch keine Zeit, die volkstümliche Auffassung von der Hexe zu beeinflussen. Die meisten sehen die Hexe als kinderverspeisende alte Vettel aus Grimms Märchen (und Walt Disneys Bearbeitungen von ihnen) oder als hakennasige alte Weiber, die kegelförmige Hüte tragen und auf Besenstielen reiten, oder als die unheimlichen Schwestern aus *Macbeth*. Wir stellen uns die Hexe meist als weibliches Wesen vor, das seine Feinde verzaubert, abstoßende Tierteile in einem Kessel rührt und auf sturmumtobten Bergspitzen im Mondschein tanzt. Wie die meisten Stereotypen ist dieses Bild eine komplexe Mischung aus Tatsachen und Phantasie. Eine irrige Auffassung, die sofort außer acht gelassen werden kann, ist, daß Hexen stets Frauen waren – obendrein noch alte, häßliche mißgestaltete Frauen. Weibliche Hexen waren den Männern gegenüber immer in der Überzahl, doch auf dem Höhepunkt der Hexenverfolgungen in den ersten Jahrzehnten des 17. Jahrhunderts wurden ebenfalls zahlreiche Männer als Hexen verbrannt. Desgleichen Kinder, einige nicht älter als acht Jahre. Sogar noch vor der Großen Hexenpanik sind Männer in den überlieferten Fällen sehr stark vertreten. In einem der frühesten Hexenprozesse in den Französischen Alpen im Jahre 1436 gestand Thomas Bègue, er beschwöre den Dämon Mermet herauf, indem er dreimal »Mermet diable!« ausriefe. Der Dämon erschien vor ihm zunächst als schwarze Katze, dann als schwarzgekleideter alter Mann mit Hörnern auf den Füßen.

Der Grund, weshalb Frauen in der Geschichte der Hexerei vorherrschen, ist wahrscheinlich mit ihrer gesellschaftlichen Stellung verbunden. Weil Frauen so lange als untergeordnete Wesen betrachtet wurden, hielt man sie für empfänglicher für Torheit und Sünde als Männer. Autoren des 16. Jahrhunderts waren der Ansicht, Frauen würden leichter vom Teufel in Versuchung geführt, und Satan, als männliche Personifikation des Bösen zöge weibliche Helfer vor. Sicherlich waren die Frauen weniger in der Lage, sich gegen die von einer ausschließlich männlichen und offiziell zölibaten Kirche und Inquisition gegen sie erhobenen Beschuldigungen zu wehren. Dennoch gab es in der Vergangenheit viele Hexer, ebenso wie es heute viele männliche Medien gibt.

Was die Besenstiele, die nächtlichen Flüge, das Essen von Babys und die Satansverehrung betrifft, so waren dies alles Details, die in der Zeit der großen Hexenprozesse auftraten. Zu dem Zeitpunkt waren die Stereotypen der Hexe aus ihren verschiedenen Quellen aus der Folklore, aus früheren Ketzerprozessen und den erfinderischen Hirnen der Verfolger voll ausgebildet worden.

Ein Dämon trägt eine Frau zur Hölle, ein Detail einer Darstellung des Jüngsten Gerichts aus dem 15. Jahrhundert, vom italienischen Maler Luca Signorelli. Frauen in ihrer untergeordneten Situation wurden für törichter gehalten als Männer und daher für empfänglicher für die Verstrickungen der Magie, der Zauberwerke und der Hexerei.

Der Magier Faust taucht eine Feder in sein Blut, um den Pakt zu unterzeichnen, mit dem er Satan seine Seele gegen Macht und Reichtum verkauft. Obwohl mit Blut unterzeichnete Pakte in vielen Legenden eine Rolle spielen, hatten sie keinen Anteil an dem tatsächlichen Zeremoniell, durch das sich Hexen verpflichteten, dem Teufel zu dienen.

Zu Beginn der christlichen Ära waren die Meinungen über Hexen weniger scharf definiert. Die Unterscheidung zwischen *Zauberern,* die ihre magischen Kräfte zu ihren eigenen Gunsten einsetzten, und *Hexen,* die einzig den Zielen des Teufels dienten, war noch nicht eingeführt worden. Hexen und Zauberer wurden beide als Abgesandte des Teufels betrachtet, und die Verwechslung beider erstreckte sich über Jahrhunderte. Die meisten der vorschristlichen Zaubereivorstellungen wurden dem Feind des Christengottes, dem Teufel mit seinen Legionen gefallener Engel zugeschrieben. Die Biographie des Heiligen Martin von Tours aus dem 3. Jahrhundert berichtet, daß, »als Martin die Dämonen austrieb, einer gestand, er sei Jupiter, ein anderer Merkur . . .« Daraus folgte, daß die fortgesetzte Verehrung der alten griechischen und römischen Götter der Teufelsverehrung gleichkam.

Augustinus, der einflußreichste der frühen Theologen, verurteilte Amulette, Horoskope und die Praxis der Krankenheilung mit Hilfe von Zauber, weil er meinte, sie würden alle mit Hilfe von Dämonen erreicht.

Natürlich erließen die frühchristlichen Behörden Gesetze gegen derartige Tätigkeiten. Christliche Kaiser, die über die zerbröckelnden Überreste des Römischen Reiches herrschten, verabschiedeten Gesetze wie dasjenige des Theodosius im Jahre 381, das Versammlungen und magische Opfer in alten Tempeln verbot. Diese Gesetze spiegelten die Verwirrung zwischen Hexerei und Überbleibseln der alten griechisch-römischen Religion wider. In England erließ im Jahre 690 Theodore, der Erzbischof von Canterbury, Edikte gegen Opferungen für Dämonen und Zauber. In allen neugegründeten Königreichen Europas bekämpften ähnliche Gesetze die Hexerei.

Die Bestrafungen waren manchmal streng. Als die beiden Söhne der fränkischen Königin Fredegond im Jahre 580 an Ruhr starben, war sie überzeugt, ihr Stiefsohn Chlodwig habe die Mutter seiner Geliebten gebeten, die beiden jungen Prinzen mit einem bösen Zauber zu belegen. Fredegond befahl, daß die Frau gefoltert würde, bis sie geständig sei. Chlodwig wurde daraufhin erstochen, und die Frau wurde an einen Pfahl gebunden und bei lebendigem Leibe verbrannt. Die Grausamkeit dieser Urteile lag wahrscheinlich daran, daß das angebliche Verbrechen an Angehörigen des Königshauses begangen war. Im allgemeinen wurde im Frankreich des 6. Jahrhunderts so wie in anderen Teilen Europas von einer Hexe, die mit Hilfe von Magie getötet hatte, nur verlangt, daß sie eine bestimmte Geldbuße bezahlte – wenn die Buße jedoch nicht bezahlt wurde, konnte die Hexe verbrannt werden.

In ihrem Feldzug zur Bekämpfung der immer noch nachklingenden heidnischen Glaubensvorstellungen versuchte die Kirche sogar, bestimmte Volksvorstellungen von den Kräften der Hexen zu diskreditieren. Bonifazius, der englische Mönch und Missionar in Deutschland aus dem 8. Jahrhundert, predigte, daß es nicht wahr sei, daß jemand sich in einen Wolf verwandeln könne, wie man es von den Hexen annahm. Ein Jahrhundert später erklärte der heilige Agobar, Bischof von Lyon, es sei nicht wahr, daß Hexen Stürme heraufbeschwören und Ernten zerstören könnten. Noch könnten sie Leute von innen verschlingen oder sie durch den »bösen Blick« töten. Am bezeichnendsten im Blick auf spätere Entwicklungen sind die Worte eines Kirchengesetzkanons aus dem 10. Jahrhundert, der die weitverbreitete Überzeugung betrifft, gewisse Frauen – »eine zahllose Menge« – hätten die Gewohnheit, mitten in der Nacht auf Tieren auszureiten und vor Tagesanbruch viele große Länder zu durchqueren. Dem Kanon zufolge war jeder, der an Nachtflüge glaubte, »zweifellos ein Ungläubiger und ein Heide«. Nur wenige Generationen später lief jeder, der *nicht* an die nächtlichen Flüge und die Hexen, wie die Kirche sie definierte, glaubte, Gefahr, als Ketzer verbrannt zu werden.

Was war in den dazwischenliegenden Jahren geschehen, um die Einstellung der Kirche zu ändern? Zunächst die Bedrohung durch Ketzerei, welche die Allmachtsstellung der Kirche in der Gesellschaft untergrub. Zum zweiten war die Kirche dazu gelangt, die Vorstellung der Magie, und zwar insbesondere praktiziert von den reicheren und gebildeteren Mitgliedern der Gesellschaft, genauer zu prüfen. Einige Praktiker dieser rituellen Magie wurden am päpstlichen Hof selbst entdeckt. Kaum war der französische Papst Johannes XXII. im Jahre 1317 gewählt worden, als er den ältlichen Bischof von Cahors verhaftete und ihm den Prozeß machte, weil er versucht hatte, ihn mit magischen Mitteln zu töten. Unter der Folter gestand der Bischof seine Schuld. Obwohl derartige Geständnisse überhaupt nichts beweisen, wurde er ausgepeitscht, auf dem Scheiterhaufen verbrannt, und seine Asche wurde in die Rhône gestreut.

Wenige, wenn überhaupt irgendwelche, der rituellen Magier dieses Zeitraums verehrten Satan. Bei ihrem Streben nach Weisheit, Reichtum oder Macht glaubten sie, Teufeln befehlen zu können, ihnen zu dienen, indem sie den Namen und die Macht Gottes anriefen. Sie betrachteten sich gewöhnlich als ergebene Christen. Doch allmählich kamen die Kirchenbehörden zu dem Schluß, mit diesen Mitteln vollführte Magie könne nur mit der Erlaubnis Satans zustande kommen. Die Praktiker müßten also irgendwie mit dem Teufel im Bunde sein und im Widerstreit zu Gott und seiner Kirche stehen. Also wurde nun die Ausübung von Magie und Hexerei als Ketzerei betrachtet und konnte mit der den Ketzern vorbehaltenen Unbarmherzigkeit untersucht und bestraft werden.

Ketzerei läßt sich als ein religiöser Irrglaube definieren, dem im Angesicht der Wahrheit, wie sie von der Kirche niedergelegt ist, beharrlich angehangen wird. Im 13. Jahrhundert wurde die Inquisition insbesondere deswegen eingeführt, um die Ketzerei zu bekämpfen. Um den Inquisitoren zu entgehen, suchten die Ketzer jener Zeit – hauptsächlich die Waldenser und Albigenser Südfrankreichs, von denen keiner irgendeine Beziehung zur Hexerei hatte – Zuflucht in den Bergtälern der Pyrenäen und der Alpen. In den nächsten zweihundert Jahren richteten sich die Bemühungen der Inquisition darauf, sie aus den Bergen herauszuholen und hinzurichten. Dann kam im Jahre 1484 die Bulle von Papst Innozenz VIII., die unterschiedslos die Hexerei in all ihren Aspekten und Praktiken als Ketzerei bezeichnete. Die Inquisitoren

Dem Dämonologen Francesco-Maria Guazzo nach banden sich die Hexen durch ein kompliziertes Ritual an den Teufel. Einige seiner Stadien sind hier durch Holzschnitte aus Guazzos eigenem Buch illustriert.
Oben links: Der Hexer schwört mit Worten dem Christentum ab.
Oben rechts: Der Teufel tauft den Hexennovizen neu in seinem eigenen Namen.
Unten links: Der Hexer gibt dem Teufel ein Stück seiner eigenen Kleidung als Zeichen seiner Unterwerfung.
Unten rechts: In einem auf den Boden gezeichneten Kreis stehend schwört der Hexer dem Teufel Treue.

Oben links: Der Hexer bittet den Teufel, seinen Namen aus dem Weißen Buch des Lebens zu tilgen und in das Schwarze Buch des Todes einzuschreiben.
Oben rechts: Der Hexer verspricht, dem Teufel Kinder zu opfern.
Unten links: Der Teufel berührt den Hexer, um an seinem Körper das »Teufelsmal« zu hinterlassen, – ein seltsam geformter Hautausschnitt, der angeblich schmerzunempfindlich ist.
Unten rechts: Als abschließenden Akt der Selbsterniedrigung küßt die Hexe den Hintern des Teufels mit dem Schandkuß, dem *osculum infame*.

kamen von den Bergen herunter mit einer zweihundertjährigen Erfahrung hinter sich und trugen ihre Techniken durch ganz Europa. Der Angriff auf die Hexerei hatte begonnen.

Wir werden auf die Inquisition und ihre Verfolgung der Ketzereien zurückkommen, wenn wir uns im einzelnen mit Hexenjagd und Hexenprozessen befassen. Der wesentliche Punkt ist im Augenblick, daß es der Umgang mit dem Teufel war, der Hexen als Ketzer brandmarkte. Ein bewußter und willentlicher Pakt mit dem Teufel war, wie die Hexenjäger glaubten, das Hauptmittel, durch das jemand die Kräfte einer Hexe erlangte. Diese Pakte waren nicht die mit Blut unterzeichneten Kontrakte, die in den Legenden über den Verkauf der Seele an den Teufel gegen Reichtümer und Macht auftreten. Die Hexen waren keine Auftraggeber des Teufels sondern seine Diener. Sie verpflichteten sich mit Leib und Seele vor und nach dem Tode dem Werk des Teufels. Man nahm von ihren Pakten an, sie haben die Form eines zeremoniellen Eintritts in eine Art dem Bösen ergebener Geheimgesellschaft.

Der Hexennovize würde zu einem Hexensabbat mitgenommen, und dort dem Teufel vorgestellt, der angeblich diese Versammlungen leitete. Die Initiationszeremonie wechselte von Ort zu Ort, enhielt jedoch stets ketzerische und obszöne Elemente. Eine der einfachsten belegten Zeremonien entstammt dem Zeugnis eines jungen französischen Mädchens bei ihrem Prozeß im Jahre 1594. Als sie von ihrem Liebhaber, der ein Hexer war, dem Teufel vorgestellt wurde, forderte er von ihr nur, das Kreuzeszeichen mit ihrer *linken* Hand zu machen. Dies berechtigte sie dazu, an der orgiastischen Teufelsanbetung, die darauf folgte, teilzunehmen.

Ein komplexeres Ritual wurde von einem italienischen Dämonologen aus dem 17. Jahrhundert, Francesco-Maria Guazzo, beschrieben. Er zählt die folgenden elf gesonderten Stadien auf:

1. Eine gesprochene Absage an den christlichen Glauben.
2. Wiedertaufe in des Teufels Namen, wonach dem Novizen ein neuer Name an Stelle seines Taufnamen gegeben wurde.
3. Symbolische Beseitigung des *Taufchrismas* (geweihtes, mit Balsam vermischtes Öl) durch die Berührung des Teufels.
4. Absage an Paten und die Zuerteilung neuer Paten.
5. Die Übergabe eines Kleidungsstückes an den Teufel als Zeichen der Unterwerfung.
6. Ein dem Teufel geleisteter Treueeid, im magischen Kreis stehend.
7. Eintragung des Namens des Initiierten in das »Buch des Todes«.
8. Das Versprechen, dem Teufel Kinder zu opfern.
9. Das Versprechen, dem Teufel einen jährlichen Tribut an schwarzfarbigen Gaben zu entrichten.
10. Die Markierung des Initiierten mit dem Teufelsmal – eine seltsam geformte Hautzone, die gefühllos wird.
11. Verschiedene Gelöbnisse eines besonderen Dienstes am Teufel, welche die Vernichtung heiliger Reliquien und die Wahrung der Sabbatgeheimnisse

umfaßt.

Die Sexualität spielte eine wesentliche Rolle bei allen Hexenfesten. Die Hexenprozesse legten dar, daß weibliche Hexen regelmäßig die Aufmerksamkeiten ihres satanischen Herrn als eine Neubekräftigung des bösen Bandes zwischen ihnen empfingen. Es wurde jedoch betont, daß diese Aufmerksamkeiten den Hexen keinen Genuß bereiteten. Tatsächlich wurde von ihnen behauptet, sie seien äußerst schmerzhaft, da die Berührung des Teufels von einer »eisigen Kälte« sei. Durch die Betonung der Unannehmlichkeit dieser Verfahren mögen die Ankläger versucht haben zu versichern, daß Teufelsverehrung nicht mit sexuellem Genuß verbunden sei.

Man glaubte ebenfalls, der Teufel ermächtige einige seiner Dämonen zum Sexualverkehr mit Hexen, und die Ankläger konnten nicht leugnen, daß dies manchmal lustvoll sei. Zu einer Hexe schickte der Teufel einen Dämon, genannt *Inkubus,* zu einem Hexer einen *Sukkubus.* Einige Hexen gestanden, daß sie jahrelang regelmäßig von ihren dämonischen Liebhabern besucht wurden. Allgemein wurde geglaubt, daß derselbe Dämon manchmal als Inkubus und manchmal als Sukkubus wirken könne und dazu die nötige menschliche Form annähme.

Inkubi und Sukkubi suchten manchmal Leute heim, die keine Hexen waren, um sie, wie man glaubte, in sexuelle Sünde zu führen und ihre Seelen dem Teufel zuzuspielen. Man war im allgemeinen der Auffassung, daß die Inkubi den Sukkubi zahlenmäßig neun zu eins überlegen waren – wahrscheinlich weil Keuschheit für Frauen als wichtiger erachtet wurde, vielleicht aber weil Frauen für lüsterner gehalten wurden als Männer. Gewöhnlich zog man eine Unterscheidung zwischen den Hexen, die willige Partner der Dämonen waren, und den Unschuldigen, die Widerstand leisteten und vergewaltigt wurden. Vergewaltigung konnte schwer nachgewiesen werden, und die angeblichen Opfer wurden häufig bestraft, ob sie sich nun willentlich gefügt hatten oder nicht – besonders wenn der Angreifer ein Inkubus war.

Die Vorstellung der Inkubi und Sukkubi entsprang den äußerst geladenen erotischen Phantasien der Ankläger und ihrer Opfer. Die Sexualität ist eine ewige menschliche Obsession, sie war es jedoch besonders in einem Zeitalter der Unterdrückung wie dem Mittelalter. Die Hexenjäger bestanden darauf, daß sexuelle Vergehen ein Hauptzug des Geständnisses einer angeklagten Hexe seien und bemühten sich besessen, jede Einzelheit solcher Betätigungen herauszufinden.

Die andere Möglichkeit des Teufels, über ein menschliches Wesen Kontrolle zu erlangen, war *dämonische Possession.* Der Teufel oder einer seiner Dämonen gingen in den Körper einer Person ein, ohne die Seele zu verdrängen, und ließen die Person sprechen und handeln, wie der böse Geist es wünschte. Das Opfer einer dämonischen Possession wurde selten für seine oder ihre Handlungen als verantwortlich betrachtet, während es in diesem Zustand war. Noch wurde das Opfer in dem selteneren Fall der *Obsession* verantwortlich gemacht, bei dem der Teufel und seine Vertreter eine Person

Ein Inkubus umarmt eine Hexe auf diesem deutschen Holzschnitt aus dem Jahre 1490. Der Dämon hat das Gesicht und die Gestalt eines hübschen jungen Mannes, nur seine Klauenfüße offenbaren ihn als Teufel in menschlicher Gestalt.

Rechts: *Auf der Jagd nach Zähnen* vom spanischen Künstler Francisco Goya aus einer Serie, die mehrere Szenen über Hexerei enthält. Die magischen Bestandteile, die zur Zauberei benutzt wurden, wechselten von Land zu Land und von Jahrhundert zu Jahrhundert, es hat jedoch den Anschein, daß im Spanien des 18. Jahrhunderts die Zähne eines Gehängten große magische Macht besaßen.

Eine Hexenprozession, die eine Katze auf einer Bahre trägt. Die Katze, die üblicherweise als der Vertraute oder persönliche Dämon einer Hexe mit Hexerei in Zusammenhang gebracht wurde, war ebenfalls eine der Gestalten, in der sich Satan, wie man glaubte, seinen Anhängern zeigte.

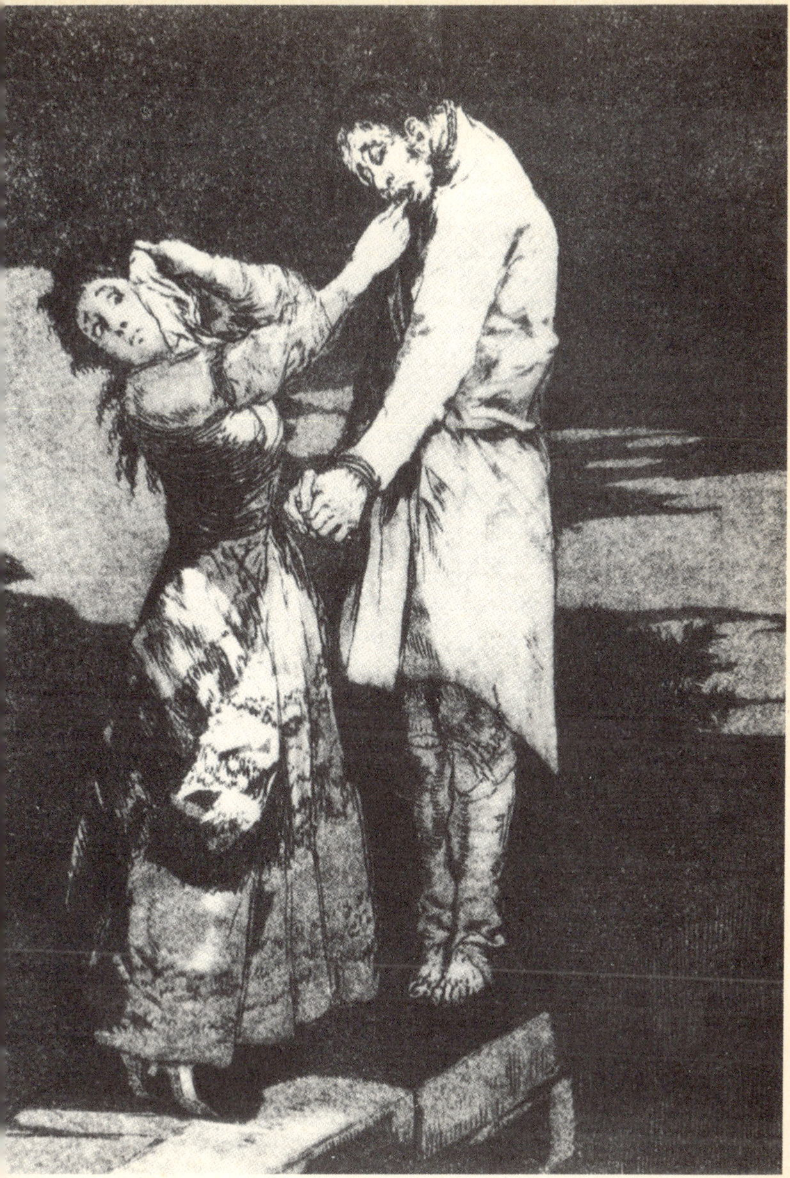

quälten, ohne in ihren Körper einzugehen. Ein hierher gehörender Fall ist der des heiligen Antonius, der in der Wüste von Teufeln fürchterlich und durchtrieben versucht wurde.

Tugendhafte Leute wurden gewöhnlich für immun gegen dämonische Possession gehalten, es sei denn, daß Hexerei im Spiel war. Man nahm an, daß der böse Zauber einer Hexe einen Zutritt für den Dämon erzwingt, der das Opfer zu den blasphemischsten Reden und Handlungen treibt. Diese Theorie wurde verwandt, um die heftigen Anfälle dämonischer Possession zu erklären, die in Klöstern und Konventen auftraten, von deren Bewohnern man annahm, daß sie ein makelloses Leben führten.

Wenn ein Dämon die Herrschaft übernahm, so ergab sich daraus ein bestimmtes Verhaltensmuster. Gesicht und Körper des Opfers verzerrten sich in erschreckenden Konvulsionen. Das Gesicht nahm einen teuflischen Ausdruck an. Die Stimme wurde selbst bei jungen Mädchen grob und rauh. In dieser neuen Stimme kreischte das Opfer häufig Beleidigungen gegen Gott in der übelsten Sprache, oder sprach Kauderwelsch, oder es trat ihm Schaum aus dem Mund. Angeblich geschahen auch andere ungewöhnliche Dinge. Die Opfer erbrachen Unmengen seltsamer Gegenstände – Nadeln und Nägel, Glas- oder Tonscherben, Haare, Baumrinde und Steine. Außerdem gaben sie tierische Laute von sich und vollführten Leistungen von übermenschlicher Kraft.

All diese Anzeichen der Possession sind später als Symptome der Hysterie erkannt worden, einschließlich des Dranges, Steine zu schlucken und zu erbrechen. In einigen religiösen Sekten in der ganzen Welt können die Auswirkungen hypnotischer Rhetorik und Singens die einzelnen in hysterische Konvulsionen der Ekstase versetzen. Es ist also kaum überraschend, daß im Mittelalter, als Priester ständig von der Strenge Gottes, der Gewißheit des Höllenfeuers und der unerbittlichen Gegenwart des Teufels an der Seite eines jeden predigten, die hysterische Possession weit verbreitet war. Die Hexenverfolgung selbst war eine Massenhysterie, der die gesamte Bevölkerung – Verfolger, Ankläger und Opfer – anheimfiel.

Trotzdem kann die weitverbreitete Hysterie nicht allein für die Häufigkeit der Fälle von Possession verantwortlich gemacht werden. Häufig wurde Betrügerei geübt und aufgedeckt. Vermutlich wurde sie ebenso oft erfolgreich geübt. Möglicherweise gaben Leute vor, besessen zu sein, wenn sie das Gefühl hatten, sie schwebten in der Gefahr, der Hexerei bezichtigt zu werden, weil ihnen seltsame Handlungen nicht angelastet werden konnten, wenn ersichtlich war, daß sie unter dem Einfluß Satans standen. Sie simulierten möglicherweise Possession, um einen Feind der Hexerei zu bezichtigen. Oder sie taten es vielleicht einfach nur, um die Aufmerksamkeit auf sich zu lenken.

Was die nicht simulierten Fälle von Possession betrifft, so verwerfen einige Autoritäten heute, insbesondere innerhalb organisierter Religion, die »Hysterie«-Erklärung und halten weiterhin den Teufel und seine Günstlinge für verantwortlich. Sie weisen darauf hin, daß noch heute zahlreiche Fälle von

Die Seelen der Verdammten werden in die Hölle gestürzt, ein Detail eines Jüngsten Gerichts des flämischen Malers Memling aus dem 15. Jahrhundert. In jener Periode der Kirchengeschichte wurde jede Tat und jeder Gedanke, die nicht auf das genaueste mit der christlichen Lehre übereinstimmten, für Teufelswerk gehalten. In der abergläubischen Atmosphäre des Mittelalters war es nur ein kurzer Schritt von dieser Lehre zu der Überzeugung, daß es Hexen und Dämonen geben muß, die die Gebote des Teufels ausführen und auf Erden Böses tun.

Dafür, daß sie schworen, dem Teufel zu dienen, erhielten die Hexen magische Kräfte. Auf diesem Holzschnitt aus dem späten 15. Jahrhundert hat eine Hexe einem Bauern mit einem verzauberten Pfeil in den Fuß geschossen. Der Fuß des Bauern ist so stark geschwollen, daß er seinen Schuh ausgezogen hat, aber die Hexe will ihn nicht heilen, bevor er ihr nicht seine Börse gibt.

Hexen, die einen magischen Zauber vollführen, zu dem ein Hahn, eine Schlange und ein feuriger Kessel gehören, um einen Regenschauer heraufzubeschwören, ein Holzschnitt aus demselben Buch wie der auf der gegenüberliegenden Seite. Man glaubte, es läge durchaus in der Macht der Hexe, Stürme heraufzubeschwören, die mächtig genug waren, um die Ernten zu zerstören oder Schiffe auf See zu versenken.

Rechts: Morgan Le Fay, die Schwester von König Artus, war der Artussage zufolge eine Zauberin und Schülerin von Merlin, Artus' Magier. Vor dem Mittelalter wurden Zauberin und Magier gleichermaßen als bedeutende Mitglieder ihrer Gesellschaft anerkannt; erst in mittelalterlichen Zeiten kam die Kirche dazu, alle Magie als dem Teufel verbunden zu betrachten. Es ist interessant, daß der englische Schriftsteller Sir Thomas Malory, der im 15. Jahrhundert in seinem *Morte Dartur* die Artuslegende niederschrieb, aus der Zauberin Morgan Le Fay eine Hexe machte.

Besessenheit auftreten, und daß die Kirche mit solchen Fällen genauso verfährt wie vor Jahrhunderten – nämlich durch Exorzismus. Andere würden argumentieren, daß dort, wo der Exorzismus gelingt, er es in derselben Weise tut, in der verschiedene Formen der Psychoanalyse und Psychotherapie Erfolg haben. Für einige Personen scheint der religiöse Exorzismus die richtige Methode zu sein, um Geistesstörungen zu beheben. Berichte über Gespräche zwischen Psychiatern und Schizophrenen beispielsweise zeigen eine ausgeprägte Ähnlichkeit mit Dialogen zwischen Exorzisten und dem Besessenen. Wichtig ist, daß das, was das Mittelalter dämonische Besessenheit nannte, noch existiert, aber wir nennen es Hysterie oder Schizophrenie.

Ebenso, wie man überzeugt war, daß Hexen dem Teufel in Fällen dämonischer Besessenheit zur Hand gehen, wurden auch ihre zahlreichen anderen magischen Kräfte dazu eingesetzt, der Menschheit zu schaden, Gott zu schmähen und den Satan zu verehren. Eine Hexe konnte nach ihrem Wunsch über jeden Krankheit, Wahnsinn, Unfälle oder Tod bringen. Sie konnte Ehen zerstören, Unfruchtbarkeit oder Totgeburten bei Frauen und Impotenz oder Sterilität bei Männern verursachen. Hexen wurden ebenfalls für den Schaden am Haus oder Besitz einer Person verantwortlich gemacht. Sie wurden für fähig gehalten, Vieh krank zu machen oder zu töten, und sie konnten Ernten zerstören, indem sie mächtige Stürme, Regen oder Hagel heraufbeschworen. Die Stürme wurden durch das Aufrühren oder Verspritzen von Wasser, wenn nicht in einem Teich, so in einem kleinen wassergefüllten Loch erzeugt. Selbst der mit dem Finger umgerührte eigene Urin der Hexe würde genügen.

Ebenfalls meinte man, Hexen würden Kinder töten, da das Fleisch eines Babys, wie man glaubte, übernatürliche Kraft besitze. Es war der Hauptbestandteil des »Teufelsfettes«, der Salbe, welche die Hexen zum Fliegen befähigte. Ob sie nun einen Besenstiel benutzten oder nicht, die meisten Autoritäten stimmten darin überein, daß sie den Boden nicht verlassen konnten, ohne zuvor diese magische Salbe aufzutragen. Die Hexenjäger äußerten sich gewöhnlich unbestimmt über die genaue Zusammensetzung der Salbe, obwohl behauptet wurde, sie enthielte so schädliche Bestandteile wie Kröten, Eidechsen, Spinnen und giftige Kräuter. Die daraus entstehende Mischung war, wie man annahm, entweder schwarz oder von einer abstoßenden Grünfarbe. Eine ähnliche Salbe befähigte vermeintlich die Hexe, Tiergestalt anzunehmen, um desto besser der Entdeckung zu entgehen, während sie ihre Untaten trieb.

Der niederländische Arzt Johan Weyer, eine der wenigen vernünftigen Stimmen, die sich im 16. Jahrhundert gegen die Hexenjagden erhoben, nannte mehrere Rezepte für Flugsalben. Zusätzlich zu solchen Bestandteilen wie Fledermausblut, Babyfett und Ruß enthielten sie Eisenhut, Belladonna, Opium und manchmal Haschisch. Die Wirkung dieser Drogen bestand laut Weyer darin, daß sie Halluzinationen und lebhafte Träume verursachten. Ebenso wie einige heutige Sachverständige hielt er es für möglich, daß die Hexen unter dem Einfluß der Drogen nur phantasierten oder träumten, sie seien geflogen – und aus diesem Grunde, daß sie an einem Sabbat teilgenommen hätten. Selbst einige Hexenjäger schlossen sich dieser Ansicht an – obwohl sie den Traum als ebenso schlimm erachteten wie die Handlung. Der Dominikanermönch und Inquisitor Johannes Nider, berichtet von einer Bauersfrau, die einem sie besuchenden Dominikaner anbot, ihm zu zeigen, wie sie fliegen könne. Sie stieg in einen Korb, rieb sich den Körper mit einer Salbe ein und verfiel in einen Stupor, aus dem nichts sie wecken konnte. Als sie schließlich erwachte, versicherte sie den Zuschauern, daß sie fortgeflogen sei. Sie ließ sich kaum davon überzeugen, daß sie die ganze Zeit in dem Korb geblieben war.

Eisenhut verursacht außerordentliche Erregung und Belladonna Delirium. Derartige Substanzen in die Haut zu reiben, ist Experten zufolge ebenso wirksam wie sie einzunehmen. Norman Cohn, ein englischer Professor, schrieb kürzlich eine Studie über Ereignisse, die zur großen Hexenjagd führten. In seinem Buch mit dem Titel *Europe's Inner Demons* bezieht er sich auf die Verwendung dieser Substanzen durch die Hexen und sagt, daß »einige mutige Geister, besonders in Deutschland sie kürzlich an sich selbst ausprobierten – und prompt etwas sehr Ähnliches erlebten wie das, was die Hexen angeblich erlebt hatten.«

Natürlich hätten wenige Feinde der Hexen diese Erklärung akzeptiert – oder wenn sie es taten, so hätten sie einfach behauptet, es sei in jedem Falle Teufelswerk. Einige spielten die Vorstellung der Salbung in ihren Theorien über den Hexenflug herunter und überbetonten die Vorstellung des Dämons, der als Lasttier diente. Häufig meinte man, diese Rolle sei Teil der Pflichten des persönlichen Dämons der Hexe, ihres *Vertrauten.* Obwohl der Dämon als Vertrauter, der fähig war, selbst schädliche Magie auszuüben, im wesentlichen die Funktion gehabt zu haben schien, die Kraft der Hexe zu konzentrieren und zu verstärken.

Die meisten Hexen hatten einen Vertrauten – oft einen Hund, eine Katze (nicht notwendig eine schwarze) oder ein Kaninchen, manchmal aber ein weniger anziehendes Tier wie ein Insekt oder eine Kröte. Die Geschichten über Vertraute waren in England, dem traditionellen Land der Tierliebhaber und Haustierbesitzer, außerordentlich verbreitet. Es ist unwahrscheinlich, daß jemand die eher unangenehmen Tiere als Haustiere beherbergen sollte, aber einige sehr arme alte Frauen im England des 16. Jahrhunderts können durchaus fähig gewesen sein, alle Spinnen, Käfer oder sogar Kröten in ihren Hütten bei sich zu behalten. Den Erzählungen zufolge wurde der Vertraute für seine Arbeit mit Futter belohnt – gewöhnliches Futter oder besondere Leckerbissen oder zumeist etwas Blut, das aus dem Körper der Hexe gesogen wurde. Die Stelle am Körper der Hexe, an der der Vertraute sich nährte, war als »Hexenmal« bekannt (nicht zu verwechseln mit dem »Teufelsmal« der Initiation). Beides, das Mal und die Anwesenheit eines sei es auch noch so kleinen Tieres, wurde als unwiderleglicher Beweis für Hexerei betrachtet.

Wenn eine verheiratete Hexe zu einem Sabbat ging, ob auf einem Haustier, einem gegabelten Stecken, einer Schaufel, einem Besenstiel oder ohne Hilfe,

Papst Bonifazius VIII. (etwa 1300). Der Besitz des höchsten Kirchenamtes reichte nicht aus, um zu verhindern, daß Bonifazius – wenn auch posthum – dafür verurteilt wurde, daß er private Dämonen hatte. Die Bezichtigung scheint jedoch völlig unbegründet gewesen zu sein, da sie als Rachemittel von denen erhoben wurden, die dem Bonifazius die Macht als Kirchenoberhaupt neideten.

Rechts: Die anläßlich eines englischen Hexenprozesses im 16. Jahrhundert hergestellte Zeichnung zeigt eine Hexe und die Tiere, die, wie man annahm, ihre Vertrauten waren. Derartige merkwürdige Tiere müssen auf der Basis der Geschichten von Reisenden, die aus Übersee zurückkamen, der Phantasie ihrer Ankläger entsprungen sein. Es scheint natürlich unmöglich, daß der alten Frau, die den um ihre Taille gebundenen Töpfen zufolge anscheinend Hausiererin oder Kesselflickerin gewesen ist, eine solch unheimliche Tiergesellschaft gedient haben konnte.

19

würde sie zunächst einen Stecken in ihr Bett legen, der auf magische Weise ihre Gestalt annahm. Auf diese Weise täuschte sie ihren Mann, der annehmen mußte, sie sei noch neben ihm. War dies getan, so schlüpfte die Hexe durch ein Schlüsselloch oder den Schornstein hinauf aus dem Zimmer und war fort.

An diesem Punkte ist ein warnendes Wort notwendig. Fast jegliche Information über Hexen entstammt den Hexenprozessen, die Beweismaterial vorlegten, das durch strenge Folter gewonnen war. Die Einzelheiten über Vertraute, Sabbate und den Rest sind also nicht »die Wahrheit über Hexerei«. Sie sind einfach die Wahrheit über das, was Leute über Hexerei *glaubten*. Die Inquisitoren und Hexenjäger waren der festen Überzeugung, daß gewisse blasphemische Scheußlichkeiten stets einen Teil der Tätigkeiten einer Hexe bildeten. Jede angeklagte Hexe wurde so lange gefoltert, bis sie der ganzen Geschichte, die ihr zu Last gelegt wurde, zustimmte. Es kam ihnen selten in den Sinn, daß der oder die Angeklagte unschuldig sein könnte. Es fiel ihnen niemals ein, daß ihre eigenen Überzeugungen falsch sein könnten.

Kein Hexenprozeß war vollständig ohne eine laszive Darstellung der Vorgänge bei einem Hexensabbat. Das Wort *Sabbat* ist vom Sabbath der Juden hergeleitet, welche vor den Hexen die Stereotypen für die Feinde Christi waren. Tatsächlich war die erste Bezeichnung, die auf eine Versammlung von Hexen angewandt wurde, *Synagoga* von Synagoge. Sabbate konnten an jedem beliebigen Wochentag abgehalten werden, obwohl Donnerstage und Freitage in den Berichten am häufigsten auftauchen. Dies waren örtliche Sabbatte, zu denen sich eine kleine Gruppe von Hexen aus einer Gegend versammelte. Es gab auch Sabbate in großem Maßstab, die an bestimmten Tagen des Jahres abgehalten wurden und von Hexen aus einem weitaus größeren Bereich besucht wurden. Diese Sabbate fanden, wie man meinte, in den Nächten von vier jahreszeitlichen Festen statt: am 2. Februar, dem Winterfest der Lichtmeß; am 23. Juni, dem Frühlingsfest des Vorabends von Johannes dem Täufer; am 21. August, dem Sommerfest von Petri Kettenfeier und am 21. Dezember, dem Herbstfest des heiligen Thomas.

Neben diesen jahreszeitlich bedingten Daten müßten zwei besondere Nächte auf jedem Hexenkalender dick angestrichen sein: der 30. April, der Vorabend der Maifeier, und der 31. Oktober, der Vorabend von Allerheiligen (Halloween). In der Nacht des 30. Aprils fand der als *Walpurgisnacht* bekannte Große Sabbat statt. Er nennt sich so, weil er der Vorabend des Festtages der englischen Heiligen Walpurga ist, die Bonifazius auf seiner Mission nach Deutschland begleitete und dort etwa 777 starb.

Die kleinen Sabbate wurde an verlassenen Orten abgehalten, wie zum Beispiel am Fuße eines Galgens oder in einer Waldlichtung. Aber für die großen Feste flogen die Hexen zu einem entfernten Berggipfel wie dem Brokken im Harz oder auf die Spitze des Puy-de-Dôme in der Auvergne oder zu der »weichen großen Wiese« in Schweden namens Blåkulla.

Zu einem Sabbat war keine besondere Anzahl an Hexen notwendig. Einige Berichte beschreiben Dorftreffen, bei denen weniger als zehn teilnahmen.

In einem Alptraum träumt eine Frau, daß sie von einem Inkubus heimgesucht wird. (Das Wort *Inkubus* kommt tatsächlich vom Lateinischen *incubo,* das Alptraum bedeutet.) Obwohl der Dämon im Traum dieser Frau als häßlicher Teufel dargestellt ist, glaubte man im allgemeinen, daß Inkubi jede beliebige Gestalt annehmen konnten, um ihren Liebhabern zu gefallen und daß sie gewöhnlich als menschliche Wesen erschienen – zumindest dem Liebhaber. Eine Geschichte über ein schottisches Mädchen, das von einem Inkubus heimgesucht wurde, berichtet, daß das Mädchen gestanden habe, einen »wunderschönen jungen Mann« zum Liebhaber zu haben. Als die Eltern in die Liebesszene hineinplatzten, um herauszufinden, wer dieser hübsche junge Mann war, waren sie entsetzt, ihre Tochter in der Umarmung eines höchst abstoßenden Ungeheuers zu finden.

Der heilige Hubertus treibt einem jungen Mann Dämonen aus. Im Mittelalter wurde dämonische Besessenheit als Erklärung für gewisse Formen der Hysterie verwandt, bei denen das Opfer Blasphemien und Obszönitäten von sich gab und Kauderwelsch redete oder Schaum vor dem Munde hatte. Man glaubte, daß die fremde Stimme des Hysterikers in Wirklichkeit die der Dämonen sei, welche von seiner Seele Besitz ergriffen hatten. Weil die Dämonen und nicht der Besessene für die Blasphemien als verantwortlich betrachtet wurden, behandelte die Kirche dämonische Besessenheit durch Austreibung und nicht als Hexerei.

Andere geben ungeheure Zahlen an. Dem Geständnis einer Hexe in der Mitte des 16. Jahrhunderts zufolge betrug die Zahl der Versammlung in der Nähe von Ferrara 6000. Der französische Dämonologe aus dem 17. Jahrhundert, Pierre de Lancre, sprach von Sabbaten, bei denen sich »etwa 100 000 Satansverehrer« einfanden.

Diese Erwägung der Zahlen führt uns zu der Frage des *Hexenbundes* (coven), ein Begriff, der vor etwa fünfzig Jahren von Dr. Maragret Murray weitgehend erfunden und popularisiert wurde. Sie vertrat die Ansicht, daß sich Hexen immer in Bünden organisierten, die sich aus 12 Hexen zusammensetzten und von einem Teufel oder einem als Teufel verkleideten Mann geführt wurden.

Ganz gewiß existieren Hexenbünde im 20. Jahrhundert. Das heißt, Leute, die sich als Hexen bezeichnen und sich zu Gruppen von 13 zusammengeschlossen haben. Wenn diese Leute ihre Gruppen Hexenbünde nennen, dann sind es Hexenbünde. Aber trotz des von Dr. Murray vorgelegten Beweismaterials ist es äußerst zweifelhaft, daß es zur Zeit der Hexenjagden Hexenbünde gab. Dr. Murray gibt selbst zu, daß »es nur einen Prozeß gab, in dem die Zahl 13 besonders erwähnt wird«, und dies geschieht erst 1662, als die Verfolgungen im Grunde genommen vorüber waren. Sie bezieht ihr übriges Beweismaterial aus lediglich 18 Prozessen, bei denen sie einfach die Zahl der Angeklagten addiert hatte und die Zahl 13 erreichte. Indes haben der britische Schriftsteller Alex Keiller und andere, die ihre Quellen prüften, herausgefunden, daß sie in vielen Fällen nicht korrekt addiert hatte. Der britische Historiker G. L. Kittredge hat kategorisch festgestellt: »Es gibt nicht den geringsten Beweis dafür, daß [Hexen] überhaupt je organisiert waren«, geschweige denn in Dreizehnergruppen.

Obwohl wir die frühe Existenz der Hexenbünde aus Mangel an Beweisen verwerfen müssen, gibt es eine große Zahl faktischer Einzelheiten über den Sabbat. Die Phantasie der Hexenjäger war bis zum Grade der Besessenheit mit der Vorstellung versammelter Hexen beschäftigt, deren nackte Körper von der Flugsalbe im Lichte eines Feuers oder schwarzer Kerzen, die sie in den Händen hielten, glänzten.

Satan hatte, wie man meinte, persönlich den Vorsitz bei den größeren Sabbaten. Zu anderen Zeiten könnte ein rangniederer Dämon seinen Platz einnehmen oder sogar eine bedeutende Hexe, die als Teufel verkleidet war und als Abgesandter des Teufels agierte. Satan erschien als ein großer schwarzbärtiger Mann oder als ein schwarzer Ziegenbock, aus dessen Hörnern Licht strahlte, oder manchmal als riesige Kröte. Er saß auf einem Elfenbeinthron oder stand auf einem Altar, um den sich die Hexen versammelten.

Gewöhnlich begann der Teufel die Vorgänge mit dem Verlesen einer Namensliste. Wenn Hexennovizen anwesend waren, so wurden sie vorgeführt und initiiert. Dann wurden säumige Hexen, die einen Sabbat verpaßt hatten oder unzureichende Verwünschungen ausgeführt hatten, bestraft, gewöhnlich durch Auspeitschung. Danach stellte sich die gesamte Gesellschaft auf, um dem Teufel zu huldigen. Sie beschenkten ihn mit Gaben wie schwarzen Kuchen, schwarzen Kerzen oder schwarzem Geflügel und vollführten den Akt der Selbsterniedrigung: Sie küßten ihm den Hintern. Dies war als *osculum infame,* der Schandkuß, bekannt. Er spielt in nahezu jedem Bericht vom Sabbat eine Rolle.

Wenn die Huldigung vorüber war, schritten die Hexen zu einem Festmahl, bei dem sie gefräßig schlangen. Auch hierbei bemühten sich die Kirchenbehörden, jede Andeutung, daß solche teuflischen Vergnügen Befriedigung verschafften, zu vermeiden. Das Essen wurde stets als kalt und abstoßend bezeichnet beschrieben, das Fleisch schmeckte angeblich wie verfaultes Holz und der Wein wie Jauche. Egal wieviel die Hexen aßen, sie blieben immer hungrig. Salz, ein wesentlicher Bestandteil der weißen Magie, fehlte stets.

Wenn das Festmahl vorüber war, begannen die Hexen mit dem Tanz, dem zentralen Charakteristikum des Sabbats, das zu seinem Höhepunkt führte. Im allgemeinen sagte man, daß die Hexen verschiedene Arten von Ringtänzen um ein zentrales Objekt, gewöhnlich den Teufel selbst oder eine phallische Säule oder einen Maibaum, aufführten. Sie tanzten in einem Zustand hoher Erregung und bewegten sich *widdershins* oder im umgekehrten Uhrzeigersinne, ein Detail, das als besonders sündhaft betrachtet wurde. Als Beweis dafür, wie sich die Bräuche wandeln, wird heute im Ballsaal widdershins getanzt. Tatsächlich ist der Walzer von der *Volta* abgeleitet, ein Tanz, der mit den Hexen in Zusammenhang gebracht wird.

Der Sabbat endete mit einer rasenden, hemmungslosen Sexualorgie. Der Teufel kopulierte mit allen anwesenden Männern, Frauen und Kindern. Dann gaben sich die Hexen einer unterschiedslosen Kopulation untereinander hin. In den Geständnissen und dämonologischen Abhandlungen war keine Variante sexueller Betätigung ausgeschlossen. Inzest, Sodomie und Bestialität tauchen in fast jedem Bericht auf, um die Erwartungen der Hexenjäger zu befriedigen.

Das Krähen des Hahnes vor Anbruch der Dämmerung setzte gewöhnlich dem Sabbat ein Ende, und die vermutlich erschöpften Hexen kehrten zu ihren Häusern zurück bis zum nächstenmal – oder bis sie gefangen, verhört, in die »Ketzeruniform« gekleidet und auf dem Scheiterhaufen verbrannt wurden.

Durch den Wald huschen drei unheimlische Hexen mit aufgerissenen Augen und drei Wölfen an ihrer Seite. Oder sind es sechs Hexen, die sich durch die Bäume stehlen? Denn in mittelalterlichen Zeiten glaubte man, daß Hexen sich selbst – und andere – in Wölfe verwandeln könnten.

Dieser Stab, der früher dem Magier Aleister Crowley gehörte, trägt an seiner Spitze den Kopf von Dianus, dem gehörnten Gott des Wicca-Kultes. Sein Kopf wird von einer dreifachen Flamme überragt, die den hebräischen Buchstaben »SH« darstellt, welcher »Geist« bedeutet. Auf der Seite des Stabes ist »Das Tier 666« eingeschnitzt, ein Verweis auf das Große Tier 666 in der Offenbarung, mit dem Crowley sich identifizierte.

Rechts: Die englische Hexe Monique Wilson, bekannt als »Hexenkönigin«, trägt den zunehmenden Mond, das Symbol für die assyrische Göttin Astarte. Moderne weiße Hexen glauben, daß ihre Hexerei Bestandteil einer frühen religiösen Tradition sei; sie gebrauchen das angelsächsische Wort *wicca,* das »Weisheit« heißt, als Bezeichnung für ihren Kult. Ihre Kräfte werden nur zum Guten verwandt, in Monique Wilsons Fall insbesondere zum Heilen.

Anne Kordiev. Sie und ihr Mann Serge, ein Journalist und Photograph, interessierten sich so weitgehend für Hexerei und Schwarze Magie, daß sie in einen Hexenbund von Satanisten eingeführt wurden. Die Versammlungen, an denen sie teilnahmen, gipfelten nicht mehr in sexuellen Orgien, aber Sexualverkehr spielte eine Rolle in einigen Riten des Hexenbundes.

Serge Kordiev. Serge und Anne Kordievs Initation als Hexen zog eine Glücksperiode für sie nach sich, aber sobald sie den Hexenbund verließen, verließ sie ihr Glück. Obwohl sie nicht mehr als Hexen praktizieren, sind sie immer noch vom Kult fasziniert. Die Ziege und der Hahn, den sie als Haustiere halten, werden beide traditionell mit Schwarzer Magie in Zusammenhang gebracht.

DIE GROSSE HEXENPANIK

Die Stimme eines Gefolterten ist unverkennbar. Das Folgende ist Teil einer Aussage, die Wort für Wort von einem Schreiber im Dienste der Inquisition festgehalten wurde.

»Wenn ich wüßte, was ich sagen soll, dann würde ich es sagen. Oh, Señor, ich weiß nicht was ich sagen soll. Oh, Oh! sie töten mich – wenn sie mir sagen würden was – Oh, Señores, Oh, mein Herz . . . löst mich, und ich will die Wahrheit sagen; ich weiß nicht, was ich sagen soll – löst mich, um Gottes Willen – sagt mir, was ich sagen soll – ich habe es getan, ich habe es getan . . . Oh, ich Elender; ich will alles sagen, was gewünscht wird, Señores – sie brechen mir die Arme – löst mich ein wenig – ich habe alles getan, was von mir gesagt wurde . . . was wünscht man von mir zu hören? Ich habe alles getan löst mich, denn ich erinnere mich nicht daran, was ich sagen soll . . .«

Folter war der Grundstein der großen Hexenjagden des 15., 16. und 17. Jahrhunderts. Gefangene, denen die Glieder aus den Gelenken gerissen sind, oder deren Bein- und Fingerknochen zu Brei zermalmt wurden, oder die andere Grausamkeiten erleiden, bekennen sich schließlich zu den Anklagen, die ihnen von ihren Vernehmern vorgehalten werden. Sie hatten auf dem Kreuz herumgetrampelt, sie hatten mit dem Teufel kopuliert, sie hatten Babies gegessen. Wenn ihnen befohlen wurde, ihre Komplizen, andere »Satansdiener« zu nennen, so nannten sie eher wahllos Leute, als sich wieder der Folter zu unterziehen. Diese anderen genauso Unschuldigen wurden dann verhaftet und angeklagt. Sie würden zunächst die Anklagen entschlossen bestreiten und beteuern, sie hätten stets fromm gelebt. Sie hätten niemals den Teufel gesehen, niemals einem Sabbat beigewohnt, seien niemals einer Hexe begegnet. Sie beriefen sich auf den Ruf, den ihr Leben und ihr Charakter hatten, als Beweis für ihre Frömmigkeit. Aber die Inquisition – später die protestantischen Gerichte – hatte besondere Regeln im Hinblick auf das, was als Beweis annehmbar war. Der einzige Beweis, den der Gefangene beibringen konnte, war das Geständnis – und das war der Schuldbeweis.

Um dieses Geständnis zu entreißen, wurden die Daumenschrauben angelegt, dann wurde die Folterbank verwandt, wonach die Streckleiter kam, die Beinschrauben, glühende Zangen, das *Strappado* – das Opfer wird an einem Seil, das an seinen Handgelenken befestigt ist, vom Boden hochgewunden, und dann werden schwere Gewichte an seine Knöchel gebunden – und weitere oder sämtliche der teuflischen Foltertechniken. In fast jedem Falle sagte der gebrochene Gefangene früher oder später, was die Folterer hören wollten. Er oder sie würde Mitschuldige nennen. Weitere Unschuldige wurden

Modell der Schwarzen Jungfrau von Nürnberg, ein Folterinstrument, im Original in Lebensgröße, das bei den deutschen Hexenjagden verwandt wurde.

Rechts: Mit der *Flucht einer Ketzerin (The Escape of a Heretic)* malt der englische Künstler aus dem 19. Jahrhundert, John Everett Millais, ein romantisches Bild eines jungen Mädchens, das vor der Inquisition gerettet wird. Ihr als Mönch verkleideter Retter hat den Inquisitor gefesselt und mit seinem eigenen Rosenkranz geknebelt und durchschneidet nun die Fesseln, die das Mädchen an den Pfahl binden. Die Wirklichkeit der Hexenjagden sah jedoch ganz anders aus, denn nur wenige der Angeklagten entkamen der Folter und einem entsetzlichen langsamen Tod.

verhaftet. Und so fegte der Wahnsinn weiter, verbreitete sich über ein ständig wachsendes Gebiet und schleppte mehr und immer mehr Leute in die Folterkammern. Es schien keine Möglichkeit zu geben, dem Alptraum Einhalt zu gebieten. Erst als die weltlichen Behörden – alarmiert von der sinkenden Bevölkerung und dem abnehmenden Handel – es ablehnten, irgendwelche weiteren durch die Folter entrissenen Beweise anzuerkennen, nahm die Raserei des Hexenwahnsinns ab und hörte schließlich ganz auf. Sie hatte 300 Jahre gewütet.

Frühere Gesetze gegen Hexerei waren in Wirklichkeit Gesetze gegen Zauberei und waren weder besonders streng, noch streng verschärft worden. Im frühen 14. Jahrhundert verbot der Vatikan rituelle Magie, welche die Beschwörung von Dämonen einbezog. Doch erst im 15. Jahrhundert begann die Zauberei, sich mit Teufelspakten und der Ablehnung des Christentums zu verbinden. Die meisten Sachverständigen sind sich heute einig, daß die Verbindung von der Inquisition hergestellt wurde. In seiner monumentalen *Encyclopedia of Witchcraft* schreibt der amerikanische Autor Rossell Hope Robbins: »Wäre es nicht um der Inquisition willen, des katholischen Tribunals, das damit beauftragt war, religiöse Unorthodoxie aufzudecken und zu bestrafen, gewesen, so wäre niemand wegen Hexerei gestorben.«

Robbins übertreibt seine Sache nur wenig. Gewöhnliche Leute nahmen manchmal das Gesetz selbst in die Hände. Dorfbewohner ergriffen einen Mann oder häufiger eine Frau, die verdächtigt wurde, Hexerei zu praktizieren. Vielleicht hielten sie den Verdächtigen für späte Frühlingsfröste, die ihre Ernten beschädigt hatten, oder für Hagelstürme zur Vernichtung der Ernte, für verantwortlich. In Extremfällen verbrannten oder steinigten die Dorfbewohner einen Angeklagten. Aber es war zweifellos die Inquisition, welche die Große Hexenpanik auslöste. Sie war gebildet worden, um die Feinde der Kirche zu verfolgen, und fuhr fort, Feinde, die es zu verfolgen galt, zu schaffen.

Als die ersten Inquisitionen vom Vatikan gegen das Jahr 1200 einberufen wurden, konnte man von der Kirche sagen, daß sie von Ketzern umgeben war. Ihre autoritären Methoden und ihre allbekannte Immoralität riefen starke antiklerikale Reaktionen hervor. Die Leute begannen, Fragen zu stellen, und die Antworten, die sie sich selbst gaben, waren ketzerisch.

Das Rinnsal ketzerischer Sekten wurde zu einer Flut, und an diesem Punkte schuf eine Reihe päpstlicher Bullen die Heilige Inquisition zur Ermittlung und Überprüfung von Ketzern. Im frühen 13. Jahrhundert machte sich in Südfrankreich die Inquisition daran, die gefährlichsten Feinde der Kirche, die Manichäischen Ketzer von Albi, auch Albingenser genannt, auszurotten. Sie glaubten an einen dualen Gott von Gut und Böse. Die Kampagne wurde als Kreuzzug betrachtet und mit entsetzlicher Grausamkeit durchgeführt.

Im selben Gebiet gab es eine weitere Gruppe französischer Ketzer, genannt Waldenser oder Vaudois nach ihrem Gründer Waldo, einem reichen Kaufmann aus Lyon. Eine Generation, bevor der heilige Franz von Assisi »Dame

Armut« umarmte, gab Waldo all seine Besitztümer fort. Er versammelte um sich eine Gruppe von Gleichgesinnten, die unter anderem an die höchste Autorität der Bibel, nicht des Papstes glaubten. Diese Waldenser wurden ebenfalls von der Inquisition verfolgt. Einigen gelang es, zu fliehen und in Piedmont eine Gemeinschaft zu gründen. Im 15. Jahrhundert versuchte die Kirche noch einmal ihre Ausrottung – diesmal nicht als Waldensische Ketzer, sondern als Hexer. Einigen gelang es zu überleben, und ihre Nachkommen leben noch heute in den Alpen.

Am Anfang des 14. Jahrhunderts zerschlugen französische Inquisitionen, die auf Befehle des erbarmungslosen Königs Philipp IV. handelten, den Orden der Rittertempler, um sich seinen Reichtum zu sichern. Die Mitglieder dieser uralten religiösen Bruderschaft, die zur Zeit der Kreuzzüge gegen 1118 gegründet worden war, wurden genau derselben Handlungen bezichtigt, die später den Hexen zugeschrieben wurden: Teufelsanbetung samt des »Schandkusses«, Profanierung heiliger Gegenstände und so weiter. Nach manipulierten Gerichtsverhandlungen wurden die führenden Ritter auf dem Scheiterhaufen verbrannt.

Als die Hauptketzerei vernichtet worden war, erkannte die Inquisition, daß sie sich selbst um ihre Arbeit gebracht hatte. Aber fanatische Theologen fanden einen Weg, um mit ihrer Vernichtungsarbeit der Ketzerei fortzufahren. Sie schufen eine neue Ketzerei. Während zuvor Zauberei ein nicht allzu ernst genommenes Vergehen war, wurde sie nun als eine direkte Bedrohung der Kirche bezeichnet. Theologen wiesen eine Unzahl dämonologischer Werke vor, und die Inquisition wandte sich von der Säuberung kleiner Widerstandsnester von Waldensern dem begeisterten Angriff gegen die neue Art von Ketzerei zu.

Die dämonologischen Werke legten das Muster dessen fest, wonach die Inquisitoren suchten. An erster Stelle unter diesen Anleitungen stand der entsetzliche *Malleus Maleficarum* oder *Hexenhammer,* der zuerst 1486 veröffentlicht worden war. Dieses »Handbuch für Hexenjäger«, wie Robbins es nennt, wahrte bis zum späten 17. Jahrhundert unter Katholiken und Protestanten gleichermaßen eine unermeßliche Autorität. Es beschrieb in Einzelheiten die bösen Praktiken von Hexen und legte die angemessene Verfahrensweise fest, wie ihre Überführung in den Inquisitionsgerichten zu erzielen sei. Die Betonung lag insbesondere darauf, wie man Geständnisse erlangt.

Die beiden Autoren des *Malleus,* Heinrich Kramer und Jakob Sprenger, waren beide Dominikaner und beide von zweifelhafter Ehrenhaftigkeit. Heinrich Kramer, der auch unter der latinisierten Version seines Namens, Institor, bekannt ist, war Inquisitor für Tirol. Seine Grausamkeit mutmaßlichen Hexen gegenüber hatte ihm mächtige Feinde eingetragen. Einer seiner Tricks bestand darin, eine Frau in einem Ofen zu verbergen und zu sagen, der Teufel sei darin. Die Stimme der Frau denunzierte zahlreiche Leute, die Kramer dann grausam folterte. Der örtliche Bischof wies Kramer aus, worauf er zum Papst ging, um für seinen Ein-Mann-Krieg gegen Hexen um Hilfe zu

Die gefesselte Hexe, eine 1926 angefertigte Skulptur einer deutschen der Hexerei angeklagten Frau, die auf ihren Prozeß wartet. In Deutschland wurden Hexen mit einer Grausamkeit verfolgt, die nirgends übertroffen wurde. Das Gesetz des Heiligen Römischen Reiches, zu dem die deutschen Staaten gehörten, machte die Folterung derjenigen, die der Hexerei angeklagt waren, obligatorisch, also erbrachte die Anklage auf Hexerei stets ein »Geständnis« und führte – gewöhnlich durch Verbrennen – zum Tode der angeblichen Hexe.

Rechts: Unter den teuflischen Methoden, welche die Inquisition erfunden hatte, um Geständnisse von Hexen zu erpressen, war das *Strappado.* Der Angeklagten, die wie in dieser Illustration aus dem frühen 20. Jahrhundert häufig nackt war, wurden schwere Gewichte an die Füße gebunden, worauf sie in die Höhe gezogen wurde.

bitten. Papst Innozenz VIII. gewährte Kramer eine teilnahmsvolle Audienz und erließ danach eines der Schlüsseldokumente in der Verfolgung von Hexerei: die Bulle von 1484.

In dieser Bulle wies der Papst Klerus und Laien an, die Arbeit der Inquisition bei der Bekämpfung der »ketzerischen Verworfenheiten« nicht zu behindern. Kramer und sein Kollege aus Köln, Jakob Sprenger, machten sich auf der Stelle ans Werk und schrieben die 250 000 Wörter des *Malleus.* Als dies getan war, druckten sie die päpstliche Bulle als einen Teil des Buches. Dies verlieh all den Fabeln über Hexen, die Kramer, der Hauptautor, von den Tiroler Dörflern gesammelt hatte, Autorität.

Die Phantasien des entlegenen Tirol enthielten alle Formen ländlichen Aberglaubens: daß Hexen bei Männern Unfruchtbarkeit verursachten, Vieh schädigten und für kleine und große Kalamitäten verantwortlich seien, die von unzeitigen Stürmen bis zum Säuern von Kübeln Milch reichten. Zu diesem Aberglauben fügte Kramer Fragmente halbheidnischer Folklore hinzu wie beispielsweise die Vorstellung, daß Hexen Babys töteten, um deren Blut zu verschlingen, und Dämonen zu Liebhabern hätten. Die Mixtur wurde durch die allgegenwärtige Gestalt des Teufels vervollständigt, dessen sexuelles Verhalten bereits zu einer Obsession unter Theologen wurde. Frühere Inquisitoren hatten als Hexen Verdächtigte beständig gefragt, wie sie ihren Pakt mit dem Teufel abgeschlossen hätten, welcher Dämon ihr Inkubus geworden sei, wie oft sie kopulierten und so weiter. Die Folter lieferte Antworten. All die sexuellen Erfindungen und Verblendungen, die diesen Verhören entstammten, wurden als Fakten im Buch aufgeführt, das als universale Enzyklopädie der Hexerei dienen sollte.

Es wurden Maßregeln für die Ergreifung und den Prozeß von Hexen gegeben: wie man sie verhaftet, ins Gefängnis wirft, sie auszieht, rasiert und absucht, sie befragt, sie foltert. Alles, was der bigotte Hexenjäger über sein Opfer wissen wollte – mit der merkwürdigen Ausnahme der Einzelheiten über den Sabbat –, stand im *Malleus Maleficarum.* Die neue Erfindung der Druckerkunst verbreitete rasch Kopien in ganz Europa.

Die Inquisitionsgerichte mögen ursprünglich als Untersuchungskomitees errichtet worden sein, aber es gab nur eine Seite für die Frage in ihrer Untersuchung. Die Karten gegen den Angeklagten waren grausam gezinkt. Die Richter nahmen stets an, daß eine angeklagte Hexe schuldig sei, bis sie ihre Unschuld erwiesen habe – und es gab im Grunde genommen keine Chance, die Unschuld zu erweisen. Kein Verteidiger wurde zugelassen, da jeder, der Ketzerei verteidigte, sich ihrer schuldig machte. Leute wurden auf bloßes Hörensagen hin vor Gericht gebracht, und einmal verurteilt, wurden sie gewöhnlich bei lebendigem Leibe verbrannt.

Inquisitionsgerichte wurden in England nie eingerichtet, und englische Gerichte weigerten sich ebenso wie die in Amerika, die Folter zu billigen. Sie hängten Hexen, anstatt sie zu verbrennen und richteten weitaus weniger Hexen hin als die europäischen Gerichte oder die des kalvinistischen Schottland, wo die Gerichtsverhandlungen genauso barbarisch waren wie auf dem europäischen Kontinent. England vermied die schlimmste Hysterie der kontinentalen Prozesse. Ausbrüche von Hexenjagd kamen in Perioden kritischer nationaler Situationen wie der Zeit der spanischen Armade im Jahre 1588 vor. Weitverbreitete Verfolgungen traten jedoch erst auf, als König James VI. von Schottland, der fest an Hexen glaubte, im Jahre 1603 König James der I. von England wurde und während des puritanischen Commonwealth später im 17. Jahrhundert. Am Ende seiner Regierungszeit im Jahre 1625 hatte selbst König James Zweifel an der Gerechtigkeit der Hexenjagden. Er war für die Eindämmung einer besonders unerfreulichen Form der Anklage gegen vermeintliche Hexen verantwortlich: der Denunziation durch Kinder.

Einer der berühmtesten Fälle, die einen kindlichen Ankläger einbezog, trug sich zwischen 1589 und 1593 in Warboys, einem kleinen Dorf in Huntingdonshire zu. Jane Throckmorton, die neunjährige Tochter der Junkers von Warboy, begann, Anfälle zu haben. Sie bezichtigte eine 76jährige Nachbarin, Mrs. Alice Samuel, sie zu verhexen. Innerhalb weniger Wochen beteiligten sich Janes vier Schwestern daran, die alte Frau öffentlich zu quälen, indem sie auf die unsichtbaren Teufelchen zeigten, die sie, wie sie behaupteten, um ihre Füße hüpfen sahen. Die arglistigen Mädchen behaupteten, daß Alice Samuel sie von ihren Anfällen durch eine Aussage befreien könne, die sie sich ausdachten, und die die Worte enthielt, »da ich nämlich eine Hexe bin«. Als sie dies sagte, erholten sich die Kinder prompt. Wenn diese Wörter ausgelassen wurden, fuhren die Mädchen fort, sich wie verhext zu benehmen. Nachdem Mrs. Samuel jahrelang ihre Unschuld beteuert hatte, wurde sie schließlich dazu überredet zu gestehen, aber diesmal bezogen die Throckmortonkinder ebenfalls ihren Mann und ihre Tochter mit ein. Im Jahre 1593 wurden alle drei Mitglieder der Samuelfamilie einzig auf die Aussage der Kinder hin gehängt.

Die Geschichte der Warboyshexen wurde als Pamphlet veröffentlicht und führte zu einer Seuche von Nachahmern in England und dem übrigen Europa. Es beeinflußte ebenfalls die berüchtigten Hexenprozesse in Salem, Massachusetts, im Jahre 1692. Zu der Zeit wurden in England Anklagen durch hysterische Kinder vereitelt. Hexenjäger stützten sich auf andere Methoden, wie etwa die Entdeckung des Vertrauten der Hexe oder das Auffinden des Teufelsmals.

In den englischen Prozessen wurde den Vertrauten die Bedeutung beigemessen, die kontinentale Gerichtshöfe den Teufelspakten und den Flügen zum Sabbat gaben. Die Anwesenheit eines Haustieres im Hause des Angeklagten war der unfehlbare Beweis für Hexerei. Die letzte Frau, die der Hexerei für schuldig befunden wurde, war Jane Wenham im Jahre 1712, und ein Teil der Anklage lautet »sich vertraut mit dem Teufel in der Gestalt einer Katze unterhalten«. Jane Wenham wurde begnadigt.

Die Suche nach Vertrauten ging viel weiter. Die Angeklagte bei einem Prozeß wurde, gewöhnlich nackt, in einem leeren Raum an einen Stuhl gefes-

Die Hinrichtung von Anne Hendricks wegen Hexerei im Jahre 1571 in den Niederlanden. Die Scharfrichter, die ängstlich darauf bedacht waren, sich ihres Opfers in angemessener Weise zu entledigen, jedoch unwillens waren, sich in die Unkosten eines großen Feuers zu stürzen, hieven die verurteilte Frau, an eine Leiter gebunden auf ein bereits angezündetes Feuer. Dies ersparte Holzkosten, machte jedoch, Grillot de Givrys *Witchcraft and Alchemie* zufolge, geringeren Eindruck auf die Menge.

Eine mittelalterliche französische Skulptur des Teufels Baphomet, dessen Name sich vom frühen christlichen Namen für Mohammed, Prophet des Islam, ableitet. Die Rittertempler wurden angeklagt, Baphomet zu verehren – gewissermaßen eine Ironie, da sie ihren Ruhm in den Kreuzzügen, den Heiligen Kriegen gegen den Islam, errungen hatten.

Waldensische Ketzer bei der Anbetung des Teufels in Gestalt eines Ziegenbockes. Ein Mann vollzieht das *osculum infame* oder den Schandkuß auf den Hintern des Ziegenbokkes, während sich am Himmel Dämonen und Hexen auf Besenstielen drängen. Die Waldenser waren eine der Hauptketzersekten, die von der Inquisition verfolgt wurden, sie waren jedoch keine Hexen. In Wirklichkeit waren es die Inquisitoren, die die Hexerei hinzufügten, um die Liste der ketzerischen Verbrechen der Waldenser zu erweitern.

Ein verdächtiger Hexer oder Ketzer wird auf dem Rad gebrochen. Der Inquisitor wartet mit erhobener Feder auf das unvermeidliche Geständnis, während der Folterknecht das Feuer unter dem angebundenen Mann schürt.

Papst Innozenz VIII., dessen Bulle von 1848 den Hexenjagden das ganze Gewicht des kirchlichen Estabishment verlieh. Er autorisierte ebenfalls Heinrich Kramer und Jakob Sprenger ausdrücklich als Inquisitoren für Deutschland und drohte jedem Vergeltungsmaßnahmen an, der sich ihrem entsetzlichen Werk in den Weg stellte.

selt, und die Anklagevertreter beobachteten durch ein Guckloch, ob ihr Dämon zu ihr kommen würde. Jede Spinne, jeder Käfer, jede Maus, die in den Raum kamen – und es bestand alle Aussicht darauf in den wurmbefallenen Häusern jener Zeit –, wurden als der persönliche Dämon der Hexe betrachtet, besonders wenn sie nicht gefangen und getötet werden konnten.

Mehrere Tests und Feuerproben konnten auf die Angeklagte bei der Suche nach Beweisen angewandt werden. Unter ihnen waren Untertauchen oder »Schwimmen« beliebt. Die Theorie lautete, daß eine Hexe oben treiben würde, wenn sie in einen Fluß oder Teich gesenkt würde, da das Wasser Satansdiener verwerfen würde, die selbst das Taufwasser verworfen hatten. Deswegen waren diejenigen, die untergingen, unschuldig. Aller Wahrscheinlichkeit nach ertranken sie auch. Es könnten Seile vorhanden sein, um die Angeklagte herauszuziehen, wenn sie unterging, aber solche Vorsichtsmaßnahmen wurden kaum ergriffen, weil Schuld angenommen wurde.

In den meisten Fällen von Untertauchen war die Angeklagte »kreuzweise gebunden«, der rechte Daumen an den rechten Zeh. Auf diese Weise gebunden, trieb eine erstaunliche Anzahl von Angeklagten oben – möglicherweise weil, wie eine Kritik an Hexenprozessen aus dem 17. Jahrhundert zeigt, wenn man Leute »flach auf den Rücken [legt] und ihre Füße mit einem Seil hochhält«, gewährleistet ist, daß ein großer Teil des Körpers über Wasser bleibt.

Die Suche nach einem Hexen- oder Teufelsmal war ebenfalls ein bevorzugter Test. Das Hexenmal war, um den Unterschied klarzustellen, eine kleine Protuberanz, häufig eine zusätzliche Brustwarze oder etwas, das dem glich, an der die Hexe, wie man annahm, ihren Vertrauten säugte. Das Teufelsmal konnte alles sein – ein Muttermal, eine Narbe, ein Leberfleck oder eine Warze –, was, wie sich die Hexenjäger überzeugen konnten, das Brandmal war, das neuen Hexen bei ihrer Initiation aufgedrückt wurde. Viele der häßlicheren Geschichten von Hexenprozessen beziehen diese Male ein – Geschichten von alten oder jungen Frauen, vorzugsweise jungen, die in einem überfüllten Gerichtssaal oder auf einer öffentlichen Plattform nackt ausgezogen wurden und deren Körper nach den verräterischen Malen abgesucht wurden. Natürlich gibt es wenige Leute, deren Körper nicht irgendeinen Makel aufweist, also fanden die geilen Sucher gewöhnlich etwas, das ihrem Zweck entsprach.

Um das Teufelsmal zu lokalisieren, war der Test, genannt »Stechen«, entwickelt worden. Man glaubte, daß eine in diese Male gestochene Nadel weder Schmerz noch Blutung verursachen würde. Um den Angeklagten keine Chance zu geben, entwickelte sich die Vorstellung, daß einige Teufelsmale unsichtbar seien und nur durch den Gebrauch eines scharfen Instrumentes entdeckt werden könnten. Heutzutage ist wohlbekannt, daß viele Hautstellen relativ schmerzfrei sind und auch, daß ein plötzlicher Schock das Blut aus dem Bereich einer kleinen Wunde abziehen kann, so daß sie nicht blutet. Es ist verständlich, daß jeder, aber insbesondere eine Frau, sich in einem Schockzustand befindet, nachdem sie mißhandelt, öffentlich nackt ausgezogen, um die

Suche zu erleichtern, am ganzen Körper rasiert und vielleicht zuvor gefoltert wurde. Er wäre nicht in der entsprechenden Verfassung, einen Nadelstich selbst in normalerweise empfindlichem Fleisch zu verspüren. Um dem ganzen die Krone aufzusetzen, trugen einige skrupellose professionelle Hexenermittler Spezialinstrumente bei sich, die hohle Griffe und einziehbare Klingen hatten. Die Klingen glitten, ohne Schaden anzurichten, zurück, wenn sie gegen die Haut des Opfers gepreßt wurden – und das Fehlen von Schmerz oder Bluten wurde gegen die Angeklagte verwandt.

Der tückischste und heuchlerischste dieser Hexenermittler war Matthew Hopkins, der im puritanischen England in der Mitte des 17. Jahrhunderts wirkte. Er war ein Demagoge, der als professioneller Hexenermittler reich wurde. Er konnte kaum scheitern, wenn sein Beweis auf Lügen, manipulierten Tests und Bekenntnissen unter Folter basierte – die alle von den bigotten puritanischen Richtern anerkannt wurden. Er kam zum erstenmal zu Ruhm und Reichtum, als er in Chelmsford, Essex, 32 Leute vor Gericht brachte. Mit seinem neuerworbenen Ansehen reiste er die östlichen Grafschaften Englands ab, um zu einer ansehnlichen Gebühr für jede, die er vor Gericht brachte, Hexen zu ermitteln. Er ernannte sich selbst zum Haupthexenermittler. Untertauchen und Stechen waren Lieblingstests von ihm. Er wandte auch Nahrungs- und Schlafentzug und andere Foltern an, die keine sichtbaren Zeichen hinterließen, weil die englischen Gerichte insgesamt die Folter weniger gern hatten als die europäischen Inquisitionen. Eines seiner Opfer war John Lowes, ein siebzigjähriger Pfarrer. Er mußte hin und herlaufen und wurde mehrere Nächte lang dazu von Beobachtergruppen wachgehalten. Dem unschuldigen Lowes wurde nicht gestattet, daß ein Geistlicher ihm den Begräbnisgottesdienst las, also sprach er ihn selbst auf seinem Weg zum Galgen.

Hopkins' Methoden brachten ihn schließlich zu Fall. Er hatte zu viele und zu ungehemmt angeklagt, und die Richter begannen, an seiner Aufrichtigkeit zu zweifeln und ihn des Sadismus zu verdächtigen. Vierzehn Monate nach seinen ersten Anklagen wurde er diskreditiert und gezwungen, sich zurückzuziehen. Ein Jahr später starb er an Tuberkulose. In seinen wenigen Monaten der Macht soll Hopkins für mehr Hinrichtungen verantwortlich sein als alle anderen englischen Anklagevertreter in 160 Jahren.

Es wird geschätzt, daß ein Gesamt von etwa Tausend Menschen in England als Hexen hingerichtet wurden – und dies ist ein bloßer Schatten des entsetzlichen Tributes an Leben, der auf dem europäischen Kontinent eingetrieben wurde. Als Hinweis darauf, wie entsetzlich ein Prozeß außerhalb Englands sein konnte, werden im folgenden einige Merkmale typischer Hexenprozesse dargestellt. Sie gründen sich auf Berichte aus verschiedenen Gegenden der christlichen Welt des 16. und 17. Jahrhunderts.

Zunächst war ein Verdächtiger vonnöten. Vielleicht wurden mehrere Leute zugleich angeklagt, häufiger jedoch wurde einer angeklagt und dann dazu gezwungen, andere zu belasten. Auf der Höhe der Hexenjagden verdächtig-

Während einer Hexenjagd in den baskischen Provinzen Südwestfrankreichs im Jahre 1609 sticht Petite Murgin eine verdächtige Hexe, um das Teufelsmal zu entdecken. Selbst eine Hexe, schloß sich Petite Murgin den Hexenjägern bei ihren grausamen Verfolgungen an, um sich selbst vor Folter und Tod zu retten. Die der Hexerei Angeklagten – ob unschuldig oder schuldig – entdeckten bald, daß die beste Möglichkeit, ihren Folterern zu entgehen, im Geständnis ihrer »Schuld« und der Nennung ihrer Komplizen bestand.

Eine Schweizer Handschriftillustration, die (links) einen Hexensabbat und (rechts) seine Folgen abbildet. Kein Land in Europa entging den Schrecken der Hexenjagden völlig, obwohl die Verfolgungen mancherorts wahnwitziger waren, als an anderen.

ten viele Leute andere ernsthaft der Hexerei, genauso oft jedoch wurden Anklagen von böswilligen Nachbarn, bezahlten Informanten oder halbverrückten Sensationslüsternen geführt.

Einmal verhaftet wurden die Angeklagten vor Gericht gebracht und verhört. Sie wurden nach ihrem Pakt mit dem Teufel, ihren Sabbataktivitäten, ihrer Magie befragt. Ihnen wurde befohlen, ihre Ketzereien zu gestehen und die Namen ihrer Verbündeten zu nennen. Wenn sie all diese Fragen mit einer Leugnung beantworteten, entkleideten die Vernehmenden sie und untersuchten ihre Körper nach den belastenden Malen. Dann wurde ihnen wiederum befohlen zu gestehen. Wenn sie immer noch Widerstand leisteten, nahmen ihre Peiniger Zuflucht zur Folter. In England war, wie wir gesehen haben, die Folterung Verdächtiger begrenzt. In Schottland und Europa hatten jedoch die späteren Stadien eines solchen Verhörs die barbarischsten Verfeinerungen der Folter zur Folge.

Im kalvinistischen Schottland handelte der Klerus wie die Inquisitoren. Robbins bemerkt in seinem Buch, daß »die Niederträchtigkeit der Folter nur durch Schottlands rückständige Technologie in der Konstruktion mechanischer Geräte begrenzt wurde«. Die Geräte, die sie besaßen, erbrachten jedoch die notwendigen Ergebnisse. In Edinburgh Castle wurde im Jahre 1594 Alison Balfour, eine angeklagte Hexe, 48 Stunden lang in den »caspie claws«, einem eisernen Schraubstock, festgehalten, der ihr die Arme zermalmte. Während sie diese Folter durchmachte, mußte sie zusehen, wie ihr einundachtzigjähriger Mann unter 700 Pfund Eisenstangen zerpreßt wurde, die Füße ihres Sohnes in »Spanischen Stiefeln« zermalmt wurden, in denen 57 Schläge gegen einen Keil seine Knochen zu Brei zerschmetterten und ihre siebenjährige Tochter mit »Pilliwinks« oder Daumenschrauben gefoltert wurde.

In Schottland wie auf dem Kontinent wurden die Opfer oder die Erben genötigt, die Kosten seines oder ihres Prozesses sowie der Hinrichtung zu tragen, einschließlich der Ausgaben, die durch den Richter, die Folterer und den Scharfrichter verursacht wurden. Eine typische Rechnung für die Hinrichtung zweier im Jahre 1596 in Aberdeen verbrannter Frauen beinhaltet eine Summe »für einen Scheiterhaufen und seine Errichtung«. Kohle, Stricke, Transport und die Gebühr für den Scharfrichter brachten die Summe auf einen ansehnlichen Betrag. Die Kosten für den Prozeß und die Folterung der beiden Frauen wurden gesondert aufgeführt.

In Kontinentaleuropa erhielten Scharfrichter und Folterknechte festgesetzte Gebühren. Der folgende Auszug einer vom Erzbischof von Köln herausgegebenen Gebührenliste zeigt, daß es dem Scharfrichter gestattet war zu erheben:

Für Auseinanderreißen und Vierteilen durch vier Pferde	5¼ Thaler
Für Vierteilen	4 Thaler
Für Strangulieren und Verbrennen	4 Thaler

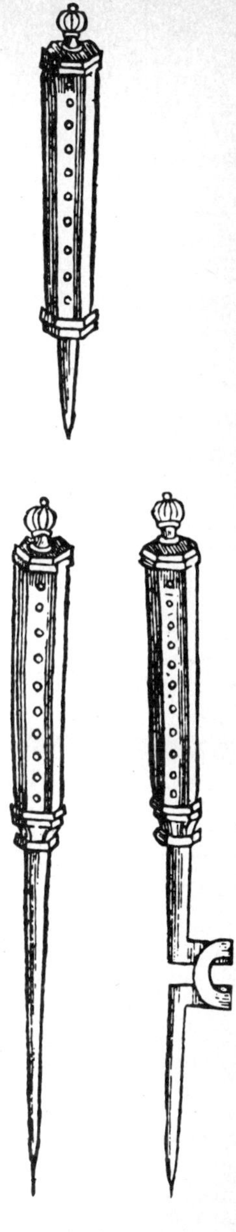

Hängende Hexen im England des 17. Jahrhunderts. Vier Hexen hängen am Galgen, und drei weitere warten, daß die Reihe an sie kommt, während der Hexenaufspürer vom Stadtangestellten seine Gebühr für die erfolgreiche Erfüllung seiner Aufgabe erhält. Hexenjagden erreichten in England niemals den Wahnsinn wie in Kontinentaleuropa, und die der Hexerei für schuldig Befundenen wurden gewöhnlich gehängt, statt auf dem Scheiterhaufen verbrannt.

Punkturnadeln, die von Hexenjägern verwandt wurden, um das Teufelsmal auf der Haut zu finden, mit dem Satan, wie man meinte, seine Anhänger zeichnete, und das schmerzunempfindlich war. Hexenjäger hatten keine Skrupel, Instrumente mit einziehbaren Klingen wie die obere zu benutzen, um diesen sogenannten Schuldbeweis zu finden.

Links: Der Tod Jeanne d'Arcs auf dem Scheiterhaufen im Jahre 1431. Jeanne, die behauptete, von göttlichen Stimmen inspiriert zu sein, hatte im Hundertjährigen Krieg die Franzosen zum Sieg gegen die Engländer geführt. Von den Engländern bei der Belagerung von Orléans gefangengenommen, wurde sie der Zauberei und Ketzerei bezichtigt und verbrannt. Verbrennen war auf dem europäischen Kontinent die geläufigste Strafe für Hexen, manchmal wurde jedoch die Verurteilte, wenn sie gestand, stranguliert, bevor die Flammen angezündet wurden.

Das Hexenhaus in Bamberg, die Szene einer der infamsten Hexenjagden der Geschichte. Der Bischof von Bamberg, mit Spitznamen »Hexenbischof«, erbaute dieses Haus mit Folterkammer speziell für das Verhör von verdächtigten Hexen.

»Schwimmen« einer Hexe, ein Überleben des Untertauchens, die alte Prüfung durch Gottesurteil. Hände und Füße zusammengebunden, wurde die verdächtigte Hexe in einen Teich geworfen. Wenn sie unterging – und vermutlich ertrank – war sie unschuldig, wenn sie aber auf dem Wasser trieb, war sie der Hexerei zweifellos schuldig und überlebte, um einen weitaus entsetzlicheren Tod zu erleiden.

Matthew Hopkins, ein Engländer, der sich selbst zum Haupthexenermittler ernannt hatte, mit zwei Hexen und ihren Vertrauten. Die Namen der Vertrauten – besonders Grizzel, Greedigut und Vinegar Tom – klingen eher wie diejenigen, die eine alte Frau ihren Schoßtieren gibt, als die, welche Dämonen von einer Hexe gegeben werden. Dieser Holzschnitt erschien als Frontispice zu Hopkins' *The Discovery of Witches* von 1647.

Ein von der Inquisition zum Feuertod verurteilter Ketzer wird durch die Straßen von Goa geführt. Er trägt ein besonderes Kostüm, das aus einer gelben Mitra und einer gelben Tunika besteht, die mit Dämonen geschmückt sind. Die Dämonen weisen darauf hin, daß er nicht bereut hat. Hätte er sein Verbrechen bereut, so hätte die Tunika vorn und hinten ein Kreuz getragen.

Der berühmte holländische Arzt Johan Weyer war einer der wenigen, die sich offen gegen die Schrecken der Hexenjagden im 16. Jahrhundert wandten. Er vertrat die Behauptung, daß viele der wegen Hexerei Verurteilten nur einfach krank waren und unterstützte seine Proteste mit Tatsachenbeweisen, indem er zum Beispiel zeigte, daß die von Hexen verwandte »Flugsalbe« Drogen enthielt, die, sobald sie vom Körper absorbiert wurden, Halluzinationen und lebhafte Träume hervorriefen.

Für das Abschneiden einer Hand oder mehrerer Finger und für Enthaupten insgesamt	3¼ Thaler
Für nur Enthaupten	2½ Thaler
Für Festschrauben und Zermalmen des Daumens	¼ Thaler

Kein Wunder, daß in Gegenden wie der rheinischen Stadt Treves, jetzt Trier, der Scharfrichter in der Lage war, auf einem edlen Pferd, »gekleidet in Gold und Silber wie ein Adliger vom Hofe« durch die Straßen zu reiten, während »seine Frau im Reichtum ihres Putzes mit adligen Damen wetteiferte«. Währenddessen wurden in der heimgesuchten Landschaft außerhalb der Stadt 368 Frauen in 22 Dörfern innerhalb von sechs Jahren als Hexen verbrannt. In zwei Dörfern blieb nur jeweils ein einziger weiblicher Einwohner zurück.

Das Überleben in Deutschland war eine prekäre Angelegenheit. Die deutschen Staaten bildeten ein komplexes Puzzle von kleinen Fürstentümern, Grafschaften und unabhängigen Bistümern. Wenn der Herrscher eines Gebietes zufällig skeptische Ansichten im Hinblick auf Hexerei hegte, waren die Chancen einer Hexenjagd einigermaßen gering. Die Städte Straßburg und Nürnberg blieben die ganze Verfolgung hindurch zwei Inseln der Vernunft. Auch Schweden entging unter dem Einfluß von Königin Christina dem schlimmsten Schrecken, aber ein eifriger hexenjagender Fürst oder ein fanatischer Beamter am Hofe des Regenten ließ die Freudenfeuer kräftig brennen und war stolz auf die Zahl der Scheiterhaufen.

Die Domstädte Bamberg und Würzburg in Süddeutschland hatten den schlechtesten Ruf wegen ihrer Folterungen. Im Jahre 1620 waren die Bischöfe dieser beiden Städte Cousins, Männer von außergewöhnlichem Fanatismus und ebensolcher Grausamkeit. In acht Jahren verbrannte der Bischof von Würzburg mehr als 900 angebliche Hexen – Bürger jeden Ranges und Alters, Kaufleute, Handwerker, Rechtsanwälte, Priester, Adlige und sogar einen Wächter, der einigen Gefangenen die Flucht ermöglicht hatte. Zwölfjährige Schuljungen wurden ausgepeitscht, bis sie gestanden, zum Sabbat geflogen zu sein; siebenjährige Kinder wurden stranguliert und verbrannt. Die Güter und Besitztümer der Opfer wurden vom Bischof zu seinem eigenen Gebrauch konfisziert. Eine seiner letzten Handlungen bestand darin, seinen eigenen halbwüchsigen Neffen als Hexer köpfen zu lassen.

In Bamberg war die Situation womöglich noch erschreckender. Der Bischof von Bamberg wurde als *Hexenbischof* bekannt. Er baute ein Haus, das eine Folterkammer mit angemessenen Bibeltexten enthielt. In der Folterkammer wurden Männer, Frauen und Kinder gezwungen, *Squassation,* eine noch gewalttätigere Form des Strappado, durchzumachen. Nachdem die Glieder des Gefangenen hinter seinem Rücken zusammengebunden waren, wurde er hochgezogen und plötzlich bis auf wenige Zentimeter zu Boden fallengelassen, wobei die Glieder gezerrt und aus den Gelenken gerissen wurden. Weitere Foltern beinhalteten das Verbrennen von Federn in der Leistengegend des Gefangenen, Zwangsernährung mit salzigen Nahrungsmitteln ohne Wasser und das Verbrühen in heißen Bädern, denen Kalk beigefügt war. Glühende Zangen wurden ohne Zögern dem Fleisch der Opfer verpaßt. Derartige Foltern wurden, wie der französische Schriftsteller Jean Bodin bemerkte, für erheblich milder erachtet, als die Höllenqualen, die bald von der angeklagten Hexe ertragen werden müßten.

Eines der ergreifendsten Dokumente der Hexenprozesse ist der Brief des Bürgermeisters von Bamberg an seine Tochter, der unter Qualen niedergeschrieben wurde, da seine Hände in Schraubstöcken zerschmettert und seine Glieder durch Squassation ausgerenkt waren. Er schließt seinen Bericht über die Foltern und die »Verbrechen«, die er sich gestehen sah, folgendermaßen: ». . . Nun, mein liebstes Kind, hier hast du meine ganzen Handlungen und mein Geständnis, für das ich sterben muß. Und es sind alles schiere Lügen und Erfindungen, so mir Gott helfe. Denn ich wurde durch die Furcht vor Folter nach dem, was ich bereits erduldet habe, gezwungen, all das zu sagen. Denn sie hören niemals mit der Folter auf, bis man etwas gesteht; mag er auch noch so fromm sein, er muß eine Hexe sein. [. . .] Gott im Himmel weiß, daß ich nicht das geringste weiß. Ich sterbe unschuldig und als Märtyrer.«

So ging es vielen hundert anderen allein in Bamberg. Hinrichtung war das übliche Ergebnis eines Hexenprozesses in Europa und bedeutete fast unabweichlich Verbrennung bei lebendigem Leibe. England hängte seine Hexen, wie bereits gesagt wurde. Amerika peitschte manchmal eine verurteilte Hexe nur aus und verbannte sie, Hängen war jedoch ebenfalls üblich. Die Verbrennung war öffentlich, und wenn ein Opfer mehrere andere belastete und die wiederum unter der Folter weitere denunzierten, waren die Hinrichtungen ein riesiges Spektakel. Bevor die Panik ihren Gipfel erreichte und nach ihrem Nachlassen wurden manche als Hexen Verurteilte nicht hingerichtet. Ihnen wurde eine Vielzahl von Bestrafungen auferlegt, einschließlich der Konfiszierung ihres Besitzes. In vielen Fällen mußten sie das »Schandkreuz« tragen, ein gelbes auf ihre Kleidung aufgenähtes Kreuz.

Die Hexenjagdepidemie in Europa tötete Tausende. Genaue Zahlen sind nicht verfügbar, es wird jedoch vorsichtig geschätzt, daß bis zum 17. Jahrhundert 200 000 als verurteilte Hexen gestorben sind. Mindestens 100 000 haben allein in Deutschland, wo der Wahnsinn Höhen erreichte wie nirgends sonst, den Scheiterhaufen bestiegen. Frankreich und Schottland, die zusammen wahrscheinlich etwa 10 000 Hexen hingerichtet haben, kommen an zweiter Stelle. Amerika, insbesondere Salem, verfolgte viele, tötete jedoch wenige – wahrscheinlich weniger als England mit seinen 1000 Hinrichtungen. Der modernen Welt mögen in Erinnerung an Auschwitz und Bergen-Belsen 200 000 Tote vergleichsweise belanglos erscheinen. Aber die Schreckensherrschaft, welche sie zur Folge hatte, war es keineswegs. Die Angst vor Verfolgung machte jeden zu ihrem Opfer, denn *jeder* konnte sich auf den geringfügigsten Beweis hin mit einer Anklage konfrontiert sehen, die fast keine Chance auf Entkommen bot.

Die große Hexenpanik wurde von der Vorstellung ins Rollen gebracht, daß es zwischen Satan und den Hexen eine Verschwörung gäbe, um die christliche Welt zu stürzen. Etwa seit der Mitte des 17. Jahrhunderts wurde diese Vorstellung allmählich neu überprüft und als grundlos befunden. Die Bibel sagte nichts über Pakte und Sabbate. Die Kirchenväter erwähnten sie nicht. Die Folter hatte das einzige Beweismaterial erbracht. Es war alles ein Irrtum gewesen.

Allmählich ließ der dreihundertjährige Alptraum nach. Es hatte stets einige wenige tapfere Männer gegeben, die bereit waren, ihr Leben aufs Spiel zu setzen, indem sie gegen den Hexenjagdschrecken sprachen und schrieben. Diejenigen, welche an der Macht waren, begannen schließlich aufzuhorchen. Die Niederlande, deren wohlhabende Mittelschicht vom gesunden Blühen des Handels abhängig war, gewährte den Widersachern des Wahnsinns Zuflucht, und ihre Stimmen wurden mächtiger. Die Niederlande richteten im Jahre 1610 zum letztenmal eine Hexe hin. In England, dem nächsten Land, das Licht erblickte, fand die letzte offizielle Hinrichtung 1684 statt. Amerika setzte den Hexentötungen 1692, Schottland 1727, Frankreich 1745 ein Ende. Deutschland enthauptete die letzte angeklagte Hexe im Jahre 1775.

Allmählich verlagerte sich die Vorstellung von einer Hexe wieder auf die alte Vettel der Volkserzählung und Legende, die abscheuliche Dinge tut und giftige Zutaten in einem Kessel mischt –, diese Handlungen jedoch zu ihrer eigenen Befriedigung und nicht um Satans, des Höllenfürsten wegen, vollzieht.

ANKLAGEN UND GESTÄNDNISSE

Die meisten, wenn auch nicht alle Berichte über Hexerei wurden durch Folter oder andere unzulässige Mittel erzielt, paßten also in das Muster, das von den Ermittlungsbeamten und den Hexenjagdhandbüchern erstellt war. Nichtsdestoweniger gab es von einem Land zum anderen und von einer Periode zur anderen bedeutende Unterschiede. Hexerei ist der Ausdruck vieler gesellschaftlicher, religiöser und selbst sexueller Bedürfnisse, und diese Variablen spielten ihre Rolle bei der Gestaltung individueller Ausbrüche. Zum Beispiel hätten die Fälle dämonischer Besessenheit, die in einer Anzahl von Nonnenklöstern im Frankreich des 17. Jahrhunderts aufflammten, kaum je im protestantischen England oder Neuengland auftreten können.

In jenen Tagen waren die Nonnen meist junge Frauen von aristokratischer Herkunft, deren Familien es nicht gelungen war, für sie Ehemänner zu finden, die ihrem Rang entsprachen. Infolgedessen waren die Nonnenklöster Brutstätten sexueller Frustration. Unter gewissen Umständen erreichte diese Frustration Krisenpunkte. Dann brach die unterdrückte Sexualität der unglücklichen Frauen in Form wilden zügellosen Verhaltens aus, das wir heute als »Hysterie« bezeichnen würden. Sie verfielen in heftige Konvulsionen, wälzten sich auf dem Boden, knirschten mit den Zähnen und kreischten obszöne Lästerungen. Sie gestatteten sich unzüchtiges Verhalten, das, wie ein Beobachter sagte, »die Bewohner des niedrigsten Bordells des Landes erstaunt hätte«.

Wenige konnten glauben, daß sich die Nonnen freiwillig solchen schamlosen Betätigungen hingaben. Die einzige annehmbare Erklärung war in jenen Tagen, der Teufel sei in ihre Körper gefahren und zwinge sie, schockierende Dinge zu tun. Eine der Aufgaben des Exorzisten, wenn er sich daran machte, die Teufel auszutreiben, bestand darin, die Identität der Hexe zu entdecken, welche sie eingetrieben hatte. In den meisten Fällen kreischten die Nonnen willfährig einen Namen im Laufe ihrer Raserei. Es ist nicht überraschend, daß der Missetäter im allgemeinen ein Priester war.

Der berüchtigtste dieser Klosterfälle ist derjenige, der als »Die Teufel von Loudun« bekannt wurde. Aldous Huxley schrieb einen Bestseller darüber, und die Geschichte wurde kürzlich verfilmt. Im Jahre 1633 wurde Pater Urbain Grandier, der hübsche und weltzugewandte Priester der kleinen Stadt Loudun in Mittelfrankreich, von der Priorin des dortigen Ursulinerklosters angeklagt, er verhexe sie und mehrere ihrer Nonnen. Vor ihren Beichtvätern und später vor großen Menschenmengen verfielen die Nonnen in Konvulsionen, verfluchten Gott, hoben ihre Unterröcke und forderten von den schokkierten, aber faszinierten Zuschauern auf gemeine Weise sexuelle Annäherungen. Sie wurden von Schwester Jeanne des Anges angeführt, die zwar ein hübsches Gesicht, aber einen Buckel hatte.

Bei Grandiers Prozeß wies die Anklage einen Pakt vor, der angeblich zwischen ihm und dem Teufel abgeschlossen war. Er bestand aus zwei Dokumenten. Im ersten erkannte Grandier Luzifer als seinen Herrn und Gebieter an; im zweiten – »Getan in der Hölle im Rate der Teufel« – versprachen Luzifer und seine Hauptgünstlinge Grandier, daß er die Liebe von Frauen und die Blume von Jungfrauen genießen werde, daß er alle drei Tage Geschlechtsverkehr haben werde und so fort. Dieses Dokument, das rückwärts auf Lateinisch geschrieben war, trug die Unterschriften Satans, Beelzebubs, Luzifers, Eilimis, Leviathans und Astaroths. Es war vom Protokollführer des Teufels, Baalberith, gegengezeichnet.

Grandier wurde als Hexer verurteilt und verbrannt. Nichtsdestoweniger enthält der Loudunfall wenig Beweise für tatsächliche Hexerei. Die Anklage gegen Grandier war angeregt durch eine Kombination von Kleinstadtneid und hoher Politik – er hatte früher den allgewaltigen Kardinal Richelieu beleidigt. Obwohl die Nonnen am Ende geglaubt haben mögen, sie seien besessen, hatten ihre geistlichen Ratgeber ihnen zu Beginn angemessenes »besessenes Verhalten« eintrainiert.

Jedoch zur gleichen Zeit, als die Nonnen von Loudun öffentlich ihre Heimsuchungen zur Schau stellten, fanden in einem Nonnenkloster in Louviers in Nordfrankreich finstere Geheimrituale statt. Über eine Periode von 20 Jahren hinweg gelang es offenbar drei aufeinanderfolgenden Kaplanen, merkwürdige Ketzereien zu predigen, Hexerei zu praktizieren und systematisch die Mehrheit der 50 Nonnen zu verführen. Die ersten beiden Kaplane starben eines natürlichen Todes in ihren Betten – glücklicherweise für sie. Aber schließlich begannen Gerüchte in die Außenwelt vorzudringen, und eine Anzahl von nachteiligen Aussagen wurden von einer der Nonnen, Schwester Madeleine Bavent, gemacht. Hierauf bekamen es die Nonnen mit der Angst, hatten Anfälle, behaupteten, sie seien von Teufeln besessen und gaben alle Schuld dem überlebenden Kaplan Pater Thomas Boullé und Schwester Madeleine selbst.

Madeleine Bavent war eine Waise, die im Alter von 19 Jahren, nachdem sie von einem Franziskanerpriester verführt worden war, in das Kloster von Louviers eintrat. Ihrem späteren Geständnis zufolge war sie zu der Zeit ein tief religiöses Mädchen. Drei Jahre mit dem ersten Kaplan änderten dies. Pater Pierre David befahl ihr, »sich bis zur Taille auszuziehen und mit entblößten Brüsten die Kommunion zu empfangen«. Schwester Madeleine zufolge war es für alle Nonnen im Kloster von Louviers Brauch, die Kommunion als Zeichen ihrer Armut und Demut teilweise oder völlig nackt zu empfangen. Tatsächlich standen die Nonnen in Pater Davids Ansehen am höchsten, die einverstanden waren, nackt vor ihm im Chor zu tanzen und nackt durch die Gärten zu schlendern. »Noch war das alles,« sagte Schwester Madeleine. »Er gewöhnte uns daran, uns gegenseitig mit lustvollen Umarmungen zu liebkosen und uns

Schwester Jeanne des Anges, Oberin des Klosters von Loudun, führte die Nonnen an, die behaupteten, Grandier habe sie verhext. Obwohl Schwester Jeanne ein hübsches Gesicht hatte, war sie bucklig, und es scheint möglich, daß ihre Handlungen eine Rache dafür waren, daß der hübsche Grandier, der für seine Neigung zu anderen Frauen wohlbekannt war, sie abgewiesen hatte.

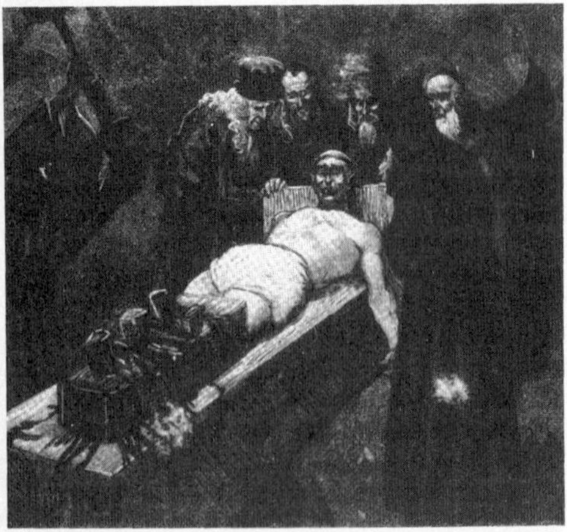

Vom Untersuchungskomitee, das diesen Fall verhandelte, für schuldig befunden, wurde Grandier, in der Hoffnung, er würde Komplizen nennen, zur Folter verurteilt, bevor er verbrannt wurde. Während dieser Folter wurden seine Beine in einen Holzkasten oder »Stiefel« gelegt, und mit einem Schmiedehammer wurden Keile zwischen sie getrieben. Trotz seiner entsetzlichen Qualen weigerte sich Grandier, andere in sein Verbrechen hineinzuziehen.

Urbain Grandier, der Gemeindepriester von Loudun, Frankreich, wurde in einem der bekanntesten Fälle von Besessenheit der Geschichte wegen Hexerei angeklagt.

Dieser Holzschnitt über den Tod Grandiers auf dem Scheiterhaufen aus dem 17. Jahrhundert stellt gleichzeitig andere Szenen aus der Geschichte von Loudun dar – zur linken einen Exorzismus und zur rechten die Tollheiten und Ausschweifungen der »verhexten« Nonnen.

den unzüchtigsten und sündigsten Schändlichkeiten hinzugeben.« Sie behauptet, »einem Scheinakt von Beschneidung [zugesehen zu haben], der an einem riesigen Phallus vollzogen wurde, welcher aus einer Art Teig hergestellt zu sein schien und dessen sich danach einige Nonnen bemächtigten, um ihren Spielereien daran freien Lauf zu lassen.« Was Pater David selbst betrifft, so behauptete Schwester Madeleine, daß er mit ihr niemals »richtige Liebe« gemacht habe, sondern sich auf »gewisse unanständige Liebkosungen« beschränkt habe.

Solche Einschränkungen behinderten Pater Mathurin Picard nicht, als er die Pflichten eines Kaplans übernahm. Tatsächlich wurde Schwester Madeleine durch ihn schwanger – was jedoch mit dem Kind geschah, ist nicht festgehalten. Pater Picard hatte Erfahrung im Mischen von Tränken, das Kind ist also möglicherweise abgetrieben worden, es gab jedoch häßliche Gerüchte über die Liebestränke, die, wie gesagt wurde, aus den Eingeweiden von geschlachteten Kindern hergestellt wurden. Pater Picard verfertigte andere Liebeszauber aus Hostien, die in Menstruationsblut eingeweicht waren. Wenn er diese im Garten begrub, so fühlten sich die Nonnen, wie man sagte, zu dem Ort hingezogen, wo sie »mit ihm die schmutzigsten Handlungen begingen«.

Schwester Madeleine berichtet, daß sie und einige andere Nonnen während der Kaplanschaft von Pater Picard ein oder zweimal die Woche an einem Sabbat teilnahmen. Nachdem sie gegen elf Uhr nachts in einen Trancezustand verfallen waren, schlossen sich die Nonnen Pater Picard und seinem Mitarbeiter, Pater Boullé, bei der Feier einer Schwarzen Messe an. An der Messe nahmen auch der Geist von Pater David und einige halbmenschliche Dämonen teil. Wenn sie vorbei war, beteiligte sich die gesamte Gesellschaft an einem Festmahl, zu dem manchmal Menschenfleisch gehörte. Dann kopulierten die Nonnen mit den lebenden Priestern, dem Gespenst von Pater David und den Dämonen.

Schwester Madeleine bahauptet auch, sie sei von einem Inkubus in Gestalt einer riesigen schwarzen Katze besucht worden. »Bei nicht weniger als zwei Gelegenheiten fand ich, als ich meine Zelle betreten hatte, jenen verfluchten Inkubus von einer Katze auf meinem Bett in den unzüchtigsten Haltungen, die man sich nur vorstellen kann, wobei er einen großen Penis, wie den eines Mannes, entblößte. Ich war erschrocken und versuchte zu fliehen, aber augenblicklich sprang er auf mich zu, zerrte mich gewaltsam auf das Bett und vergewaltigte mich heftig, wobei er mir die seltsamste Empfindung verursachte.«

Schwester Madeleines Geständnis liest sich wie ein Gemisch von Wahrscheinlichem und Unmöglichem. Weil wir einige der unglaubwürdigen Details nicht akzeptieren können, gibt es jedoch keinen Grund, das übrige zu verwerfen. Ihre Beschreibungen der Sabbate, die von Pater Picard und Pater Boullé veranstaltet wurden, enthalten fast mit Gewißheit Ereignisse, die wirklich auftraten. Die halbmenschlichen Dämonen waren wahrscheinlich die Produkte von Halluzination, und dasselbe ließe sich über den Akt der Kopulation mit dem Geist von Pater David sagen. Aber die Behandlungen durch die beiden lebenden Priester waren wahrscheinlich, wie sie sie beschreibt. Sie sagte, daß Pater Picard zusah »und meine Hände festhielt, während Pater Boullé auf mir lag«.

Das von Schwester Madeleine erbrachte Beweismaterial läßt sie eher als ein Opfer denn als Frevlerin der Hexerei klingen. Dennoch, die Enthüllungen, die sie über ihre Mitnonnen gemacht hatte, machten sie zu einer Bedrohung für sie. Eine Anzahl von Nonnen, die behaupteten, besessen zu sein, bezichtigten daher Schwester Madeleine, sie zu verhexen. Ihre Beschuldigungen wurden gegen sie gewandt, und ihr wurde zusammen mit Pater Boullé der Prozeß gemacht. Es gibt Nachweise dafür, daß einige der Leute, die bei dem Prozeß sprachen, bestochen waren, um Falschaussagen zu machen, es bleiben jedoch noch genug Hinweise, die zeigen, daß die Atmosphäre im Kloster von Louviers entschieden unheilig war. Nach Justizirrtümern, die in früheren Klosterprozessen vorgekommen waren, verfuhren die Behörden vorsichtig. Drei Jahre vergingen, bis im Jahre 1647 das Urteil gefällt wurde. Pater Boullé wurde auf dem Marktplatz von Louviers verbrannt und seine Asche in die Winde verstreut. Der Leichnam von Pater Picard wurde ausgegraben und was nach fünf Jahren im Grab davon übrig war gleichzeitig verbrannt. Madeleine Bavent wurde zu lebenslänglicher Haft verurteilt. Sie machte mehrere Versuche, sich zu töten, und starb schließlich wenige Monate nach ihrem alten Kaplan. Die anderen Nonnen wurden auf verschiedene Klöster verteilt, »um die Trockenheit ihrer Seelen zu beseitigen«.

Während die Schwarze Messe zunehmend zu einem Charakterzug der französischen Hexenprozesse wurde, waren die der englischen Hexen im 17. Jahrhundert noch von den erdgebundeneren Praktiken der Dorfzauberei geprägt. In einem derartigen Fall kam die Angeklagte aus einer besonders wilden und entlegenen Ecke von Lancashire, dem Forest of Pendle. Auf dem Gipfel von Pendle Hill hatte 1652 George Fox die Vision, die ihn dazu inspirierte zu predigen und die Society of Friends zu gründen. Genau 40 Jahre früher war dieselbe Gegend die Szene eines Geheimtreffens einer Gruppe von Landbewohnern, die die Lancashirehexen genannt werden.

Die Hauptmitglieder gehörten zu zwei Pendle-Familien, an deren Spitze jeweils eine alte Frau von ungefähr 80 stand. Als erste wurde die blinde Elisabeth Sowtherns, bekannt als Old Demdike, verhaftet. Sie wurde aufgrund des Verdachts auf Hexerei hin – das heißt auf Hörensagenklatsch – festgehalten und dazu überredet zu gestehen. Ihrer Aussage zufolge war sie seit fünfzig Jahren eine Hexe, seit dem Tage, da »ein Geist oder Teufel in Gestalt eines Jungen«, der bunte Kleider trug, ihr bei einer Steingrube im Wald begegnet war. Der »Geist« versprach ihr die Erfüllung ihres Herzenswunsches, wenn sie ihm Gefolgschaft leistete. Fünf oder sechs Jahre vergingen, bevor der Geist, den sie Tibb nannte, ihr wiedererschien, diesmal in Gestalt eines braunen Hundes, der sich auf ihren Schoß drängte.

Old Demdike soll angeblich ihre Tochter Elizabeth Device und zwei ihrer

König Jakob VI. von Schottland verhört die Angeklagten in den Hexenprozessen von North Berwick in den Jahren 1590. Die Inquisition arbeitete nie in Schottland, aber Hexen wurden dort genauso grausam verfolgt wie in jedem Land, in dem die Inquisition tätig war. Als Königin Elizabeth I. von England im Jahre 1603 starb und Jakob als Jakob der I. die englische Thronfolge antrat, brachte er die Methoden der schottischen Hexenjäger mit nach Süden.

Anne Baker, Joan Willimot und Ellen Green, alle aus Leicestershire – und alle verkrüppelt – wurden im frühen 17. Jahrhundert der Hexerei angeklagt. Anne Baker scheint eine freundliche Hexe gewesen zu sein, denn durch Gebet rief sie ihren toten Herrn ins Leben zurück. Indessen wurde Joan Willimot bezichtigt, nicht nur selbst dem Teufel gedient zu haben, sondern auch Ellen Green in die Hexerei eingeführt zu haben, indem sie ihr ein Kätzchen und einen Maulwurf als vertraute Geister gab.

Rechts: Die Nonnen des französischen Klosters von Louviers entkleideten sich als Zeichen ihrer Armut und Demut, um die Kommunion von ihrem Priester, Pater David, zu empfangen. Unter Pater David und seinen Nachfolgern als Kaplane, Pater Picard und Pater Boullé, fanden im Kloster von Louviers merkwürdige, sexuell orientierte Rituale statt, die viele Charakteristika der Hexerei umfaßten. Die orgiastischen Riten wurden höchst wahrscheinlich von den Priestern erfunden, um ihre eigenen Begierden zu befriedigen, doch können die Nonnen nicht völlig abgeneigt gewesen sein, sie zu genießen, denn die Situation dauerte ungehindert sieben Jahre lang an. Schließlich kulminierte die ganze Affäre in den üblichen Anklagen und Verbrennungen.

Enkel, James und Alison Device, in die Praxis der Hexerei eingeführt haben. Sie führte ebenfalls die Familie ihrer Nachbarin und langjährigen Freundin, Ann Whittle, in ihre Tätigkeiten ein.

Auch sie war ein blindes, hinfälliges, altes Weib, das als Old Chattox bekannt war.

Der Rechtsfall gegen die elfjährige Alison Device brachte einen Vorfall ans Tageslicht, der die Lähmung eines Hausierers betraf. Das Gerichtsprotokoll sagt, daß er »mit seinem Warenbündel auf dem Rücken durch Colne-field [ging], wo er unglücklicherweise Alison Device begegnete, die sehr eindringlich zu ihm war wegen Nadeln, aber er wollte ihr keine geben: worauf sie sehr zornig zu sein schien; und als er an ihr vorüber war, fiel er in höchster Not gelähmt nieder«. Es gelang ihm, ein Bierhaus zu erreichen, »und als er dort in großem Schmerze lag, unfähig, eine Hand oder einen Fuß zu bewegen, sah er neben sich einen großen schwarzen Hund stehen mit sehr schrecklichen feurigen Augen, großen Zähnen und einer entsetzlichen Miene, der ihm ins Gesicht sah; worüber er äußerste Furcht hatte; und unmittelbar danach kam die besagte Alison Device hinein, die nicht lange dort blieb, sondern auf ihn blickte und fortging«.

An diesem Punkt seiner Aussage wandte sich der Hausierer – »Tränen in großer Erregung weinend« – zu Alison Device und sagte, »du weißt, daß dies wahr ist«, worauf das Kind »zu Gott aufschrie, ihm zu vergeben; und auf ihren Knien, Tränen weinend, ihn demütig bat, ihr für diese verruchte Tat zu vergeben: was er freimütig und freiwillig tat«.

Doch während ein Hausierer sich den Luxus der Vergebung leisten konnte, war das Gericht dazu nicht in der Lage. Alison Device, Old Demdike und Old Chattox wurden in Lancaster Castle hinter Schloß und Riegel gebracht.

Das nächste Stadium in diesem Falle war nichts geringeres als eine Verschwörung, sie durch das Sprengen des Schlosses zu befreien. Da dieser gewagte Plan nur sechs Jahre nach dem Gunpowder Plot, König James I. in die Luft zu jagen, gefaßt wurde – und vermutlich von ihm angeregt wurde –, verbreitete er den Ruhm der Lancaster-Hexen weit und breit. Die Verschwörung war wie gesagt von zahlreichen Verwandten und Freunden der Angeklagten ausgeheckt worden, die alle angeblich Hexen waren. Alisons Bruder James zufolge versammelten sich etwa 20 Leute, die meisten davon Frauen, um den Plan zu besprechen. Sie trafen sich eines Mittags in Malking Tower, dem Farmhaus seiner Mutter im Wald. Es gab, wie James Device erklärte, »großen Frohsinn, fröhliche Gesellschaft und viel Beratung«. Die Gesellschaft tat sich an Rindfleisch, Schinken und Hammelfleisch gütlich, besprach den Plan zur Rettung der Gefangenen und ging »in ihren eigenen Gestalten und Aussehen« davon, um zu Pferde zu ihren verschiedenen Heimen zurückzukehren.

Einige Gelehrte betrachten die Schilderung dieses Treffens als den ersten Verweis auf einen Sabbat in der englischen Geschichte der Hexerei, obwohl das ganze mehr nach einem Geschäftsessen klingt. Die Kunde von der Zu-

Old Chattox, eine der Lancashire-Hexen, spricht den Totengräber an, während er ein Grab gräbt, und bittet ihn, ihr die Zähne und die Kopfhäute der Toten zu geben, die sie für ihre Zauber brauchte, und eine Tonfigur von Alison Device zu begraben. Die Berühmtheit der Lancashire-Hexen war so groß, daß Harrison Ainsworth im Jahre 1848 einen Roman veröffentlichte, der auf ihrer Geschichte basierte und in dem diese Illustration enthalten ist.

sammenkunft gelangte zu den dortigen Richtern, welche die meisten der Gesellschaft verhafteten und sie nach Lancaster abschoben, um sie den Frauen zuzugesellen, die sie zu befreien gehofft hatten.

Bis zum Prozeß war die Liste der Anklagen erweitert worden und enthielt nun den Tod eines örtlichen Landbesitzers durch Behexung. Das Beweismaterial dafür war selbst für die Normen jener Tage fadenscheinig, »bis es Gott gefiel, ein junges Mädchen, Jennet Device (eine unerwartete Zeugin), aufstehen zu lassen«. Die neunjährige Jennet, die zweite Tochter von Elizabeth Device und Enkelin von Old Demdike, sagte gegen ihre gesamte Familie aus und berichtete in allen Einzelheiten über »all ihre Praktiken, Zusammenkünfte, Beratungen, Morde, Zauber und Gemeinheiten«.

Als das Mädchen zu sprechen begann, wurde es von ihrer Mutter, was nicht überrascht, auf eine derartige Weise beschimpft, die den Gerichtsberichten zufolge, »das Kind so erstaunte, daß es unter Tränen zu meinem Lord dem Richter flehte und ihm sagte, es sei nicht fähig, in der Gegenwart ihrer Mutter zu sprechen«. Elizabeth Device wurde demnach aus dem Gericht entfernt, und das Kind begann seine Geschichte.

Jennet erklärte, daß sie oft einen »Geist« »mit dem Aussehen eines braunen Hundes, den sie Ball nannte«, ihre Mutter habe besuchen sehen. Der Geist fragte ihre Mutter, was sie wünsche, und sie nannte den Namen der Person, deren Tod sie wünschte. »Mit Hilfe des genannten Ball, wurde die Person folglich durch Hexerei getötet.« Jennet lieferte eine Liste von Leuten, die, wie sie behauptete, auf diese Weise getötet worden waren, zusammen mit Einzelheiten über die Tonabbildungen, die verwandt worden waren, um mehrere andere zu töten. Sie erklärte, wie Tiere getötet werden konnten, indem gekreuzte Stäbe über etwas, das ihre Milch enthielt, gelegt wurden. Sie enthüllte den Zauber, den ihr Bruder sprach, »um zu Trinken zu bekommen«, und ein Gebet, das er sie gelehrt hatte, um »einen Behexten zu heilen«.

Das Vorhandensein so vieler Hunde ist einer der merkwürdigen Züge dieses Falles. Jennet sagte aus, daß ihr Bruder James sich eines Hundes, den er Dandy nannte, bediente, um Leute totzuhexen, während der schwarze Hund, der den Hausierer geängstigt hatte, sich als der Vertraute ihrer Schwester Alison erwies. Über Jennets Motive, gegen ihre Mutter, ihre Schwester und ihren Bruder auszusagen, lassen sich nur Mutmaßungen anstellen; aber ihr Beweismaterial, ob wahr oder erfunden, reichte aus, um ihren Tod zu sichern.

Old Demdike und Old Chattox gestanden, daß sie Hexen seien, aber die meisten der anderen Angeklagten, von denen 10 gehängt wurden, beharrten bis zum Ende auf ihrer Unschuldserklärung – »in sehr heftiger und zügelloser Weise, selbst am Galgen, wo sie unbußfertig (nach allem, was wir wissen) starben«.

Der Fall der Lancashirehexen machte einen derartigen Eindruck, daß noch 250 Jahre darauf Leute im umliegenden Gebiet glaubten, daß sich am Abend vor Allerheiligen Hexen beim zerstörten und öden Farmhaus Malking Tower versammelten. Man glaubte auch, daß, wenn jemand eine angezündete Kerze die Stunde vor Mitternacht am Vorabend vor Allerheiligen auf den benachbarten Hügeln herumträgt und ihre Flamme trotz der Bemühungen der Hexen, sie auf ihrem Weg zum Farmhaus auszublasen, stetig am Brennen halten könne, diese Person für das folgende Jahr vor Hexen geschützt sei. Doch wehe dem, dessen Kerze ausging!

Womöglich das erstaunlichste Beweismaterial, das je bei einem Hexenprozeß vorgelegt wurde, ist das in vier detaillierten Geständnissen enthaltene, das anscheinend ohne Folter von der schottischen Hexe Isobel Gowdie im Frühjahr 1662 abgegeben wurde. Sie ist die erste Hexe in Schottland oder England, die das Wort *coven* (Hexenbund) benutzt, und ihre Aussagen bilden die Basis, auf der Margaret Murray ihre Theorien vom Hexenkult aufbaute. Die Zauber, die Isobel Gowdie angab, um sich selbst in eine Krähe oder eine Katze zu verwandeln, und ihre Anspielung auf die Feenkönigin führten zu dem Verdacht, sie sei verrückt gewesen. Doch trotz all der unmöglichen Züge ist ihre Aussage merkwürdig luzide. Ihr eigener fester Glaube an das, was sie denjenigen erzählte, die sie verhörten, und ihre starke, fast poetische Vorstellungskraft gestatteten einen faszinierenden Einblick in die Hexenkunde.

Isobel Gowdie lebte in Auldearn, einer kleinen Gemeinde östlich von Inverness im Nordwesten Schottlands. In ihrem ersten Geständnis sagte sie folgendes über ihre Wiedertaufe durch den Teufel: »Als ich zwischen den Niederungen von Drumdewin und den Heads ging, begegnete ich dem Teufel und kam da in einer Weise mit ihm zusammen; und ich versprach, ihn zur Nachtzeit in der Kirche von Auldearn zu treffen; was ich tat. Und das erste, was ich dort in jener Nacht tat, ich widerrief meine Taufe und legte eine meiner Hände auf meinen Scheitel und die andere an die Sohle meiner Füße und trat dort alles zwischen meinen beiden Händen an den Teufel ab [. . .] Er zeichnete mich auf der Schulter und saugte mein Blut aus an jenem Mal und spritzte es in seine Hand und sagte, indem er es auf meinen Kopf sprenkelte, ›Ich taufe dich Janet, in meinem eigenen Namen.‹«

Sie erzählte auch, wie sie und die anderen Hexen in ihrem Bund zu reisen pflegten. »Ich hatte ein kleines Pferd und sagte ›Pferd und Auf in des Teufels Namen.‹ Und dann fliegen wir, wohin wir wollen, selbst wie Strohhalme auf einer Landstraße fliegen. Wir fliegen wie Strohhalme, wenn es uns gefällt; wilde Strohhalme und Haferstrohhalme werden Pferde für uns sein, und wir legen sie zwischen unsere Füße und sagen ›Pferd und Auf in des Teufels Namen.‹ Und wenn irgend jemand diese Strohhalme im Wirbelwind sieht und sich nicht bekreuzigt, so dürfen wir ihn nach unserem Belieben totschießen. Alle, die von uns erschossen wurden, deren Seelen gehen zum Himmel, aber ihre Körper bleiben bei uns und werden für uns als Pferde fliegen, klein wie Strohhalme.«

In ihrem zweiten Geständnis nannte sie die Namen der Vertrauten, die ihren Mithexen zu Diensten waren. Zu ihnen zählten Swein, Rorie, Robert the Rule, Thomas a Fearie und Roaring Lion. Ihr eigener Geist war Read Reiver und war schwarzgekleidet.

Ein schwedischer Holzschnitt aus dem frühen 16. Jahrhundert von einer Hexe, die ihren Kessel ins Meer entleert, um einen so starken Sturm heraufzubeschwören, daß ein Schiff versenkt wurde und die Seeleute ertranken. Anscheinend unterschieden sich die Zaubersprüche in ihrer Intention, wenn nicht sogar in ihrer Form, kaum von einem Land zum anderen.

Eine humoristische Darstellung aus dem 19. Jahrhundert, wie der Teufel Mitglieder des Hexenbundes der schottischen Hexe Isobel Gowdie dafür straft, daß sie zu spät zum Sabbat gekommen sind. Isobel Gowdies Geständnisse sind die ersten Berichte über Hexerei, die das Wort *coven* (Hexenbund) für eine Gruppe von Hexen verwandten.

Sie beschrieb, wie die Hexen ein Tonbild machten, um den Sohn des dortigen Gutsbesitzers zu töten. »John Taylor brachte den Ton in seinem Überwurf nach Hause; seine Frau stampfte ihn sehr fein wie Mehl und siebte ihn mit einem Sieb und goß Wasser dazu in des Teufels Namen und knetete ihn sehr weich und machte daraus ein Bild vom Sohn des Gutsbesitzers. Es hatte alle Teile und Kennzeichen eines Kindes, wie Kopf, Augen, Nase, Hände, Füße, Mund und kleine Lippen. Es fehlte kein Merkmal eines Kindes; und die Hände von ihm an seine Seiten gelegt. Wir legten sein Gesicht ans Feuer, bis es schrumpfte; und ein helles Feuer um es herum, bis es rot war wie eine Kohle. Danach haben wir es hin und wieder geröstet; einen Tag um den anderen war ein Stück davon wohlgeröstet. Das männliche Kind des Gutsbesitzers wird dadurch leiden gemacht, wenn es nicht gefunden und zerbrochen wird [. . .] Bis es zerbrochen wird, wird es der Tod aller männlicher Kinder sein, die der Laird of Park jemals bekommen wird. Werft es über eine Kirche, es wird nicht brechen, bis es mit einer Axt oder etwas dergleichen, in eines Mannes Hand gehalten, zerbrochen wird. Wenn es nicht zerbrochen wird, so wird es 100 Jahre halten.«

Einer von Isobel Gowdies Mithexen, Janet Breadhead, zufolge rösteten sie und Isobel, Janets Mann und zwei weitere Hexen dieses Tonbild Tag um Tag, bis der älteste Sohn des Gutsbesitzers starb. Als ein weiterer Sohn geboren wurde, nahmen die Hexen wieder das Tonbild hervor, wässerten, buken und brannten es, bis das Kind ebenfalls starb.

Isobel Gowdie beschrieb auch weniger gefährliches Unheil, einschließlich der magischen Entnahme von Milch von Kühen, dem Stehlen von Feldfrüchten, dem Verderben von Fischfängen und so weiter. »Wir nahmen einen Faden von jeder Garnfarbe, die in Alexander Cummings Haus war und machten in jeden Faden drei Knoten, in des Teufels Namen; und nahmen damit die ganze Kraft jenes Färbebottichs fort, daß er nichts als schwarz färben konnte, der Farbe des Teufels gemäß.«

In ihrem dritten Geständnis nannte Isobel Gowdie die Namen von etwa 15 Personen, die durch den gefürchteten Elfenschuß getötet worden waren. Diese geheimnisvollen Waffen waren in Wirklichkeit prähistorische Feuersteinpfeilköpfe, die in Auldearn, das eine steinzeitliche Siedlung gewesen war, zu Hauf gefunden wurden. Man glaubte jedoch, daß sie von Elfen hergestellt wurden und daß sie, wenn sie von einer Hexe abgeschossen wurden, den sicheren Tod verursachten.

»Wenn wir diese Pfeile schießen, sagen wir,
Ich erschieße diesen Mann in des Teufels Namen,
Er soll nicht ganz nach Hause gehen.

Wir haben keinen Bogen zum Schießen, sondern schnellen sie von unseren Daumennägeln ab. Manchmal schießen wir daneben; aber wenn sie treffen, sei es Tier, Mann oder Frau, so töten sie, auch wenn sie einen Panzeranzug anhätten.«

Sie nannte auch eine Reihe von Zaubern, die Krankheit verursachen, Fieber heilen, den Wind sich erheben lassen und die Gestalt verändern.

»Wir nehmen einen Stoffetzen und machen ihn in Wasser naß; und schlagen den Fetzen auf einen Stein, und wir sagen dreimal,

Ich schlage diesen Fetzen auf diesen Stein,
Um den Wind in des Teufels Namen zu erwecken,
Er soll sich nicht legen, bis ich wieder bitte.

Und hier ist der Zauberspruch, um sich in einen Hasen zu verwandeln:

Ich werde in einen Hasen mich verwandeln
Mit Pein und dergleichen und großer Sorge,
Und ich werde in des Teufels Namen gehen,
Bis ich wieder nach Hause komme.«

Bei ihrem vierten und letzten Erscheinen vor Gericht befahlen ihre Vernehmer ihr, einige Teile ihrer Geschichte zu wiederholen, was sie tat, ohne sich zu widersprechen. Im Laufe dieser letzten Aussage bricht ein erschütternder Ton durch – eine Andeutung eines selbstdestruktiven Wunsches, der vielleicht hilft, ihre außergewöhnlichen Geständnisse zu erklären. »Ach,« sagte sie, »ich verdiene es nicht, hier zu sitzen, denn ich habe so viele böse Taten getan, besonders Menschen getötet. Ich verdiene es, mich auf Eisendornen zu winden und Schlimmeres, wenn es ersonnen werden könnte.«

Isobel Gowdies Geschick ist nicht überliefert, aber nach solchen Enthüllungen konnte sie kaum der Hinrichtung entgangen sein.

Sieben Jahre nach Isobel Gowdies Prozeß brach Schwedens eine und einzige Hexenfurcht in den entlegenen Dörfern Mora und Älvdalen aus. Ihre Folge war die Hinrichtung von nicht weniger als 85 Menschen jeglichen Alters von siebzigjährigen bis zu kleinen Kindern.

Die Furcht brach aus, als der fünfzehnjährige Erik Erikson aus Mora mehrere Leute beschuldigte, Kleinkinder für den Teufel zu stehlen. Bald wimmelten Mora und Älvdalen von Berichten, daß Hexen Kinder des nachts zu weit entlegenen Orten davontrügen und sie am nächsten Morgen bleich und erschöpft nach der Teilnahme an »höllischen Unterfangen« wieder in ihre Betten zurückbrächten. Nachrichten über diese Behauptungen kamen Schwedens vierzehnjährigem König Karl XI. zu Ohren, und er berief eine Kommission zur Untersuchung der Angelegenheit ein.

Die Kommission kam im August 1669 inmitten einer Atmosphäre wachsender Hysterie in Mora an. Inzwischen hatte sich eine Anzahl weiterer Kinder Erik Erikson zugesellt und berichtete von ihren Erfahrungen mit Hexen. Ihre Aussage führte zur Verhaftung von 70 Dorfbewohnern von Mora und Älvdalen. Die Kommission vergeudete keine Zeit damit, die jugendlichen Zeugen zu prüfen, und innerhalb von wenigen Tagen hatten einige der Angeklagten begonnen zu gestehen:

»Wir von der Provinz von Älvdalen gestehen, daß wir zur Kiesgrube zu gehen pflegten, die nahe an einem Kreuzweg lag, und dort zogen wir ein Hemd über unsere Köpfe und tanzten dann herum, und danach liefen wir zum Kreuzweg und riefen den Teufel dreimal, erst mit leiser Stimme, das zweitemal etwas lauter und das drittemal sehr laut, mit folgenden Worten, *Ahnherr, komm und trage uns nach Blåkulla.* Worauf er sofort zu erscheinen pflegte, aber in verschiedenen Trachten; meist jedoch sahen wir ihn in einem grauen Mantel und roten und blauen Strümpfen: Er hatte einen roten Bart, einen hohen Spitzhut, darum Tücher von verschiedenen Farben geschlungen waren, und lange Stumpfbänder an seinen Strümpfen.

Dann fragte er uns, ob wir ihm mit Leib und Seele dienen würden. Wenn wir damit einverstanden waren, setzte er uns auf ein Tier, das er bereit hielt, und trug uns über Kirchen und hohe Mauern; und schließlich kamen wir zu einer grünen Wiese, wo Blåkulla liegt.«

Den Kindern zufolge flogen jede Nacht 300 Jungen nach Blåkulla, einem magischen Ort, »der auf einer weichen großen Wiese liegt, deren Ende man nicht sehen kann. Der Ort oder das Haus hatte ein vielfarbig gestrichenes Tor davor [. . .] In einem großen Raum dieses Hauses stand ein sehr langer Tisch, an dem die Hexen sich niedersetzten: und direkt an diesem Raum lag ein weiteres Zimmer, in dem wundervolle und weiche Betten waren«.

Nachdem er sie zu seinen Diensten getauft hatte, sagten die Kinder, gab der Teufel einem jeden eine Börse, die Peilteilchen einer Uhr enthielt, welche sie ins Wasser werfen und dabei sagen mußten: »So wie diese Uhrteile niemals zu der Uhr zurückkehren, von der sie genommen sind, so möge meine Seele niemals zum Himmel zurückkehren.« Auf diese Zeremonie folgte ein Festmahl, bei dem jenen Hexen, die in des Teufels Gunst standen, ihm zunächst saßen, während die Kinder an der Tür standen. Der Teufel brachte den Kindern ihr Essen – »Fleischbrühe mit Bergwurzel und Schinken darin, Haferflocken, Brot mit Butter bestrichen, Milch und Käse«. Danach kam Tanzerei und ein allgemeines Geraufe, während der Teufel jene, die er am liebsten mochte, in sein Zimmer nahm und mit ihnen »geschlechtliche Handlungen vollführte«. Jeder sagte, der Teufel habe ihn zu diesem oder jenem Zeitpunkt in sein Zimmer mitgenommen.

Dieser schwedische Teufel scheint eine randalierende Gestalt gewesen zu sein, die Spaß daran hatte, sich mit Kindern zu vergnügen. Er ließ sie auf Bratspießen um sich herumreiten und verprügelte sie dann, oder er befahl ihnen, Steinwände zu bauen, die immer einfielen, was ihm weiteren Anlaß zum Lachen gab. Wie soviele Dorfbewohner denselben Täuschungen anheimfielen, bleibt ein Rätsel. Vermutlich wurde das, was unter den Kindern als ein Phantasiespiel begann, von einigen der eindrucksfähigsten Jungen und ihren Eltern ernst genommen. Die Gerüchte verbreiteten sich, bis es zu spät war einzugestehen, daß sich die Geschichte auf kindliche Spiele und Folklore gründete. Ihr folkloristischer Anfang wird durch das Wort *Blåkulla,* das »blauer Hügel« heißt, nahegelegt. Ein ferner blauer Hügel mit Räumen darin klingt wie eine unmißverständliche Anspielung auf das Haus der Trolle, jene tapsigen aber gefährlichen Geister, die, wie man glaubte, die wilderen Gebiete Skandinaviens bewohnten.

Was auch immer der Ursprung der Geschichte dieser Kinder gewesen sein mag, ihre Aussagen führten zur Verurteilung aller 70 angeklagten Hexen. Nach einer elftägigen Vernehmung sprach die Kommission von König Karl das Urteil. Dreiundzwanzig Dorfbewohner, die ein Geständnis zu den Anklagen abgelegt hatten, wurden enthauptet und ihre Körper verbrannt – »der Tag strahlend und herrlich, und die Sonne schien«. Die 47, die auf »Nichtschuldig« plädiert hatten, wurden ins Gefängnis der nahegelegenen Stadt geschickt. Später wurden sie alle ebenfalls hingerichtet. Fünfzehn der älteren Kinder, die von anderen Jungen als willfährige Teilnehmer bezeichnet worden waren, wurden zur gleichen Zeit verbrannt. Sechsundfünfzig Kinder, die als weniger schuldig betrachtet wurden, wurden dazu verurteilt, ein Jahr lang jeden Sonntag Spießruten zu laufen und ausgepeitscht zu werden.

Der Fall der verhexten schwedischen Kinder erregte starkes Interesse. Berichte über den Prozeß zirkulierten ungehindert in ganz Europa und Neuengland, wo wie in Schweden der Teufel und seine Werke beständiges Thema eines jeglichen Priesters waren. Außerhalb von Neuengland wurden in Kolonialamerika nur eine Handvoll von Hexenprozessen durchgeführt, und die Rolle des Teufels in ihnen war unbedeutend. Angesichts des schwedischen Falles ist es jedoch interessant, daß der einzige in Pennsylvania im Jahre 1684 verhandelte Fall von Hexerei zwei Siedler schwedischen Ursprungs, Margarit Matson und Getro Hendrickson, die der Behexung von Tieren angeklagt waren, in den Mittelpunkt rückte.

Die erste angebliche Hexe, die in Amerika hingerichtet wurde, war Alse Young, die am 26. Mai 1647 in Hartford, Connecticut, gehängt wurde. Und obwohl in Charlestown, Boston und Dorchester vereinzelt Hinrichtungen durch den Strang vorkamen, bedeutete Hexerei in Massachusetts nur eines: Salem.

DIE HEXEN VON SALEM

Salem Village ist jetzt die Stadt Danvers, Massachusetts, doch im Jahre 1692 war es eine kleine Landgemeinde, die einige Meilen vom Hafen von Salem Town entfernt im Land lag. Seine puritanischen Einwohner waren nüchterne, hartarbeitende Leute, die in Gottesfurcht und Angst vor dem Teufel lebten. »Die Neuengländer sind ein Gottesvolk, das in jenen Gebieten angesiedelt ist, die einst des Teufels waren,« schrieb Cotton Mather, einer der angesehendsten Pfarrer in der Kolonie. Die Leute von Salem sahen sich, wie alle puritanischen Siedler in Massachusetts, in einem beständigen Kampf gegen den Teufel und seine Werke. Das Jahr, das 1692 unmittelbar voraufging, war für die Siedler nicht leicht gewesen. Heuschreckenplagen und eine Folge von Dürrezeiten hatten die Ernten in ganz Massachusetts zerstört. Dies verursachte natürlich für die Mehrheit der Einwohner, deren Lebensunterhalt vom Boden abhing, ernste Notlagen. Um ihre Sorgen noch zu vergrößern, brach im Jahre 1691 in Boston ein Feuer aus, das einen großen Teil der Stadt zerstörte. Hart auf den Fersen dieser Tragödie folgte ein schweres Erdbeben, das Port Royal, Jamaika, dem Erdboden gleichmachte und rund 2000 Leute tötete, von denen die meisten Verwandte und Freunde derer in Massachusetts waren. Vielen Siedlern kam es so vor, als seien diese Katastrophen Teil der Teufelskampagne, um sie aus Neuengland zu vertreiben.

In dieser Atmosphäre eingewurzelten Aberglaubens und steigender Panik brach die Hexenhysterie von 1692 aus. Mit der Enthüllung, daß einige aus ihren eigenen Reihen anscheinend in »diabolische Zusammenarbeit mit dem Teufel« verwickelt seien, fanden die Leute menschliche Sündenböcke, denen sie die Schuld an ihren Mißgeschicken geben konnten. Sie fanden sie in dem kleinen Dorf Salem, das für den Zeitraum von 12 Monaten in den Alptraum einer barbarischen Hexenjagd versank.

Salem Village hatte bereits eine Art Ruf für Streitigkeiten und Unzufriedenheit. Es gab Auseinandersetzungen zwischen rivalisierenden Cliquen, die das Dorf zu kontrollieren wünschten, und zwei der Salemer Pfarrer hatten nach erbitterten Streitigkeiten mit der Gemeinde den Ort verlassen. Ihr Nachfolger war der Reverend Samuel Parris, und die Ereignisse, die die Hexenjagd ins Rollen brachten, begannen an seinem eigenen Küchenherd.

Bevor Parris Pfarrer wurde, hatte er in Westindien Handel getrieben und war von der Insel Barbados mit zwei Sklaven zurückgekehrt. John Indian, ein reinblütiger Karibe, arbeitete auf den Feldern des Pfarrhauses. Seine Frau Tituba arbeitete im Hause. Ihre Vorfahren waren halb karibisch, halb afrikanisch, und sie brachte einige Kenntnisse von *Obeah,* der westindischen Zauberei mit, die mit ihren Vorfahren aus Afrika gekommen war.

Während des Winters 1691–2 begann Tituba, sich mit ihren Kunstgriffen und Zaubern vor den zwei jungen Mädchen des Haushaltes, Elizabeth und Abigail zu brüsten. Elizabeth war die Tochter des Pfarrers, ein ruhiges und gehorsames Mädchen von neun Jahren. Abigail Williams, ihre Cousine, die etwa zwei Jahre älter war, war ein Mädchen anderer Prägung – boshaft und hinterhältig. Nicht daß es ausschließlich ihre Schuld war. Die Härten einer puritanischen Erziehung lasteten schwer auf der natürlichen Lebenslust eines Heranwachsenden. In Salem Village gab es wenig Entkommen vor der düsteren Atmosphäre und im Haus des Pfarrers gar keins – außer in der Küche. Während der langen Winternachmittage eilte Abigail dorthin, wenn ihr Onkel und ihre Tante aus dem Hause waren, um Titubas Erzählungen über Magie zuzuhören und sie zu drängen, sie solle versuchen, die Zukunft zu lesen. Elizabeth, für die die Sklavin eine besondere Zuneigung hegte, kam mit ihrer Cousine und teilte ihr schuldhaftes Vergnügen.

Bald kamen weitere Mädchen aus dem Dorf zur Küche des Pfarrers, um sich die Zukunft wahrsagen zu lassen. Mary Walcott und Susanna Sheldon, die in der Nähe des Pfarrhauses lebten, waren zwei von ihnen. Von weiter weg kamen die zwölfjährige Ann Putnam, die nervöse Tochter einer neurotischen Mutter, und die Dienerin der Putnams, Mercy Lewis, ein Mädchen mit einer Vorliebe fürs Lauschen.

Diese Mädchen führten weitere ein, die Töchter von Einwohnern von Salem Village und ihre Dienerinnen. Sarah Churchill arbeitete für den alten George Jacobs. Elizabeth Hubbard war die Nichte und Dienerin von Dr. Grigg, dem Dorfarzt. Mary Warren kam aus dem Hause von John und Elizabeth Proctor. Die Gruppe belief sich auf 10 Mädchen, die alle jünger als 20 Jahre waren. Titubas Wahrsagerei brachte ein wenig Aufregung in ihr eintöniges und monotones Leben. Aber es war eine gefährliche Aufregung. Versuche, die Zukunft zu lesen, waren im puritanischen Neuengland ausdrücklich verboten. Zukunftlesen war ein Herumpfuschen in des Teufels Künsten und bedeutete sichere Verdammnis und immerwährendes Höllenfeuer. Die Auswirkung auf die zarteren Mädchen war unvermeidlich. Da sie besorgt waren über das, was sie gesehen und gehört hatten, wurden sie krank und begannen sich in seltsamen Weisen zu verhalten.

Die kleine Elizabeth Parris versank in Trancen, starrte lange Zeiten vor sich hin ins Leere, wonach sie zu schreien anfing und zu Boden fiel. Abigail machte dasselbe und gab krächzende Geräusche von sich, als würde sie gewürgt. Sie bellte wie ein Hund und ging auf allen Vieren umher. Als Parris für ihre Heilung betete, hielt sich Abigail bei den heiligen Worten die Ohren zu, und Elizabeth schrie und schleuderte die Familienbibel durch das Zimmer. Völlig verstört von diesem Verhalten rief Parris Dr. Griggs. Der Arzt gab den Mädchen verschiedene Arzneien, von denen keine eine Wirkung zeitigte. Schließlich schüttelte er den Kopf und sagte Parris seine Ansicht: »Die böse Hand liegt auf ihnen.«

Die Nachricht von der Diagnose des Arztes verbreitete sich rasch – und

Ein Stich aus dem 19. Jahrhundert, auf dem ein Mädchen aus Salem andere der Hexerei bezichtigt. Auf dem Höhepunkt der Hysterie von Salem brauchte eins der besessenen Mädchen nur den Namen jener Person auszurufen, die dann unter Verdacht der Hexerei verhaftet und vor Gericht gestellt wurde.

ebenso die Anfälle der Mädchen. Mary Walcott und Susanna Sheldon verfielen in Krämpfe. Ann Putnam kratzte und schnüffelte herum wie ein Tier.

Das ganze Dorf war besorgt, was man tun könne, um den »befallenen Kindern« zu helfen. John Proctor war rasch mit einer Lösung bei der Hand. Er setzte Mary Warren an ihr Spinnrad und sagte ihr, wenn sie noch einen Anfall bekäme, würde er sie verdreschen. Sie erholte sich. Andere lachten über die »Kinder« – wie sie genannt wurden, obwohl mehrere von ihnen fast zwanzig waren.

Parris war nicht unter denen, die lachten, noch glaubte er an John Proctors Heilmittel. Er rief auswärtige Hilfe herbei, und als Antwort auf seine Bitte machte sich ein halbes Dutzend Pfarrer aus Salem Town auf den Weg durch den Februarschlamm, um mit den Mädchen zu beten. Zunächst hörten die Mädchen ruhig zu, doch bald kam eine Stimmung der Rastlosigkeit über sie. Sie begannen, bei jeder Erwähnung des Namens Gottes ihre Körper zu winden. Schließlich wanden sie sich auf dem Boden, und ihre Schreie machten einen solchen Lärm, daß die Pfarrer ihre Gebete aufgeben mußten.

Dann erinnerte sich Parris an die Sklavin Tituba. Auf seinen Reisen in Westindien hatte er von Obeah und Vudu reden gehört. Könnte eine derartige Teufelei die Ursache für die Probleme seiner Tochter sein? Er beobachtete Tituba sorgfältig, und eines Tages sah er sie etwas aus der Asche des Feuers nehmen und dem Hund geben. Als er sie fragte, was es sei, antwortete sie, »Kuchen, Herr.« Parris wurde klar, daß sie einen »Hexenkuchen« gemacht hatte. Ein Hexenkuchen wurde aus Roggenmehl, vermischt mit dem Urin eines Kindes hergestellt und einem Hund gegeben. Man glaubte, daß das Kind geheilt sei, wenn der Hund zu zittern anfinge. Die Herstellung eines Hexenkuchens war Titubas Versuch, ihre geliebte Elizabeth zu heilen.

Bei der Entdeckung des Kuchens verfiel Parris in rasende Wut und schlug Tituba, bis sie ihre Kenntnis der Hexerei gestand. Parris befragte darauf Elizabeth nach ihrer Beziehung zu Tituba, bis das Kind zusammenbrach und die Küchenzusammenkünfte eingestand. Zunächst leugneten die anderen Mädchen Elizabeths Geschichte, aber unter Druck gaben auch sie sie zu. Noch in dem Stadium hätte die Situation unter Kontrolle gehalten werden können, hätte nicht Parris die verhängnisvolle Frage gestellt: Wer war außer Tituba noch daran beteiligt?

Abigail sagte: »Goody Good.«

Dies war ein sicherer Name, der angegeben werden konnte. Sarah Good war eine hexenhafte Landstreicherin von unbestimmtem Alter, eine hilflose Person, die in Hecken schlief und Pfeife rauchte.

»Wer noch?«

»Goody Osborne.«

Dies war noch eine Frau von zweifelhaftem Charakter. Sie war eine vermögende Frau, sie war jedoch dreimal verheiratet gewesen, und niemand hatte sie seit über einem Jahr in der Kirche gesehen.

Am 26. Februar 1692 wurden Haftbefehle zur Ergreifung von Tituba, Sarah Good und Sarah Osborne erlassen.

Am folgenden Tag kamen zwei Gerichtsbeamte aus Salem Town. Es waren John Hathorne, dessen Nachkomme Nathaniel zu seinem Namen ein »w« hinzufügte, und Jonathan Corwin. Das Versammlungshaus war als Gerichtssaal hergerichtet worden. Nachdem die befallenen Mädchen in die erste Bankreihe gesetzt worden waren, begann das Verhör der drei Gefangenen. Sarah Good mußte als erste erscheinen, festgehalten zwischen zwei Polizisten. Als Antwort auf Hathornes Fragen leugnete sie, den Kindern Böses getan oder irgendwelche Kenntnisse der Hexerei zu haben.

Hathorne wandte sich an die Mädchen und fragte sie, ob Sarah Good ihnen etwas zugefügt habe. Die Mädchen antworteten, daß sie es getan habe. Ein Mädchen begann, sich zu winden und zu stöhnen, als habe es Schmerzen. Die anderen folgten ihrem Beispiel, und bald wanden sich alle und schrien und kreischten, Sarah Goods Erscheinung (ihr Geist) beiße und kneife sie. Die Leute im Gericht starrten furchterfüllt diese Demonstration an. Ganz eindeutig war dies ein übernatürlicher Beweis für Hexerei.

Diese unsichtbaren Angriffe auf die Mädchen sollten im Verhör aller Angeklagten und ihren darauffolgenden Prozessen eine wesentliche Rolle spielen. Ohne diesen »Erscheinungsbeweis«, wie er genannt wurde, hätte keiner der Gefangenen überführt werden können. Der Erscheinungsbeweis beruhte auf der Überzeugung, daß der Teufel die physische Gestalt einer Hexe annehmen könne. In der Gestalt konnte er ihren Mann täuschen, indem er neben ihm lag, während sie am Sabbat teilnahm oder, wie in Salem, diejenigen peinigen, die sie anklagten. Nur die konnten diese Erscheinungen sehen, die gepeinigt wurden, doch wurde ihre Existenz als ein Faktum behandelt.

Weiter glaubte man, daß der Teufel die Gestalt einer Person nur mit deren Erlaubnis annehmen könne. Er könne nie jemanden verkörpern, der unschuldig sei, also mußte jeder, dessen Gestalt von den Anklägern »gesehen« wurde, schuldig sein. Es war zwecklos, ein Alibi zu erbringen. Der physische Körper einer Person konnte ruhig vor hundert Zeugen stehen – sogar zwischen zwei Polizisten im Gerichtssaal stehen –, aber ihr Geist würde währenddessen mit ihrer Einwilligung ihre Ankläger peinigen.

Als Sarah Osborne ihrerseits abstritt, die Mädchen zu verletzen, bekamen sie prompt wieder Anfälle. Als Hathorne sie fragte, warum das ihrer Meinung nach geschah, wagte sie nahezulegen, daß der Teufel vielleicht ihre Gestalt annähme, ohne daß sie es wisse. Das Gericht lehnte eine solche Vorstellung als unmöglich ab. Sarah Osborne wurde ins Gefängnis geworfen, wo sie zwei Monate später starb.

Zuletzt war Tituba an der Reihe. Sie wurde mit einer wahrhaft überwältigenden Darbietung dämonischer Besessenheit von den anklagenden Mädchen begrüßt – die möglicherweise entsetzliche Angst hatten, was sie von ihren Küchenzusammenkünften erzählen würde. Aber die unglückliche Tituba hatte aus der rauhen Behandlung durch Parris eine Lehre gezogen. Als sie jegliche Kenntnis der Hexerei abgestritten hatte, hatte er sie geschlagen.

Martha Cory wird ersucht, ein Geständnis der Hexerei zu unterzeichnen. Sie weigerte sich standhaft, und sie gehörte zu jenen, die als Hexen gehängt wurden – in Salem wurden nur diejenigen hingerichtet, die unermüdlich ihre Unschuld beteuerten; all jene, die ihre Verbrechen vollauf gestanden, bekamen eine Gnadenfrist.

Rechts: Tibuta, die Sklavin des Salemer Pfarrers Samuel Parris, unterhält die Tochter von Parris und deren Freundinnen mit Erzählungen über afrikanische Zauberei und mit magischen Kunstgriffen und Wahrsagerei. Ihre Geschichten vermittelten den Mädchen eine erregende Ausflucht aus dem öden Leben des puritanischen Neuengland.

Ein »besessenes« Salemer Mädchen, ein Stich, der während der Hexenprozesse von 1692 verfertigt wurde. Einigen ärztlichen Fachleuten zufolge ist die Haltung des Mädchens fast identisch mit den Symptomen der Hysterie. Das Schuldgefühl der Mädchen auf Grund ihrer verbotenen Beziehung zu Tibuta kann auf ihr verdrängtes Bewußtsein eingewirkt und dadurch ihre hysterischen Anfälle bewirkt haben.

Als sie »gestand«, hörte er auf. Vor den Gerichtsbeamten versuchte sie dieselbe Taktik – und wieder funktionierte sie. Hathorne fragte sie,

»Hast du nie den Teufel gesehen?«

»Der Teufel,« sagte sie, »kam zu mir und bot mir an, ihm zu dienen.«

Das Pandämonium im Gerichtsraum ließ nach. Alle Augen waren auf Tituba geheftet, als sie ihre Geschichte erzählte. Genauso, wie sie einst die Mädchen fasziniert an ihrem Herd festgehalten hatte, hatte sie nun die ungeteilte Aufmerksamkeit des ganzen Gerichtes.

Drei Tage lang erzählte sie ihnen Wunder. Der Teufel war in Gestalt einer Katze oder einer Ratte oder eines Schweines, meist jedoch als großer Mann in Schwarz mit weißem Haar zu ihr gekommen. Er sagte ihr, er sei Gott und hatte sie aufgefordert, ihren Namen in das Buch einzutragen, das er bei sich trug. Sie tat es mit einem Zeichen »rot wie Blut«. Sie war auf einem Stock zu einem Sabbat geflogen und hatte andere Hexen aus Boston und von anderen Orten getroffen. Die Gestalten Sarah Goods und Sarah Osbornes und Gestalten, deren Namen sie nicht kannte, hatten ihr befohlen, die Kinder zu kneifen, selbst Elizabeth, die sie liebte.

Die Dorfbewohner waren erleichtert, daß wenigstens eine Hexe verständig war und ihre Missetaten gestand, aber ihre Erwähnung »weiterer Gestalten« war beunruhigend. Wer könnten sie sein? Salem Village brauchte nicht lange auf einige geeignete Kandidaten zu warten.

Martha Corey, die in ungläubiges Gelächter ausgebrochen war, als sie zum erstenmal die Mädchen ihre Anfälle bekommen sah, war die erste. Ann Putnam schrie gegen sie laut auf, und sie wurde verhaftet.

»Ich bin eine Frau des Evangeliums,« sagte sie zum Gericht.

»Sie ist eine Evangeliumshexe!« rief eines der Mädchen, und alle anderen Mädchen leierten im Chor, »Evangeliumshexe! Evangeliumshexe!« Eines von ihnen zeigte zum Fenster und sagte, sie könne in eben dem Augenblick Hexen auf dem Rasen vor dem Versammlungshaus sich für einen Sabbat versammeln sehen. Die Dörfler waren bestürzt. Als ob es nicht genug war, daß sich die Geistergestalten von Hexen bei offenem Tageslicht dreist versammelten, identifizierte Ann Putnam eine von ihnen als Rebecca Nurse, die lange als eine höchst fromme Frau betrachtet wurde.

Selbst der gestrenge John Hathorne sprach höflich mit Rebecca, als sie vor ihn gebracht wurde. Alt, gebrechlich und taub beantwortet diese innig geliebte Mutter von vier Söhnen und vier Töchtern seine Fragen mit geduldigen Beteuerungen ihrer Unschuld. Ihre Aufrichtigkeit war so überzeugend, daß es trotz des Geheules der Mädchen so schien, als würde die Klage gegen sie abgewiesen. Dann ertönte die Stimme von Ann Putnams Mutter über dem Chor: »Hast du nicht den Schwarzen Mann mitgebracht? Hast du mich nicht aufgefordert, Gott zu versuchen und zu sterben?«

»Gott helfe mir!« rief Rebecca und streckte bestürzt die Hände aus. Auf der Stelle streckte die Reihe von Mädchen ebenfalls ihre Hände aus und ahmte von da ab ganz genau jede Geste, die die unglückliche Gefangene

Eine Ansicht von Salem, die als Reklame für einen »Hexencreme« genannten Kosmetikartikel im 19. Jahrhundert benutzt wurde.

Anklage einer Hexe, eine bemalte Holzintarsienarbeit aus dem späten 19. Jahrhundert. Dieses Werk gehört dem Essex Institute von Salem, das inzwischen zahlreiche derartige Andenken an den Prozesse von 1692 besitzt.

machte, nach. Die Wirkung war unheimlich und unnatürlich. Die Zuschauer begannen, an Rebeccas Unschuld zu zweifeln, und das Gericht schloß, daß sie die Kinder vor seinen Augen verhext habe.

Die Hexenjagd war in vollem Gange, und sie folgte einem festgelegten Muster. Die Mädchen riefen den Namen irgendeines aus, dessen Erscheinung ihnen, wie sie sagten, wehtat, und die Person wurde verhaftet. Beim Verhör bestritt er oder sie, Hexerei zu praktizieren, worauf die Mädchen Anfälle bekamen. Dies bestätigte die Schuld des Gefangenen, der fortgeführt wurde, um den Prozeß abzuwarten.

Auf diese Weise wurden die beiden Schwestern von Rebecca Nurse ins Gefängnis geworfen. Elizabeth Proctor wurde benannt, und weil ihr Mann zu ihrer Verteidigung für sie eintrat, wurde er mit ihr zusammen ebenfalls in das Gefängnis gesteckt. John Proctor hatte zuvor gesagt, daß die Mädchen verdroschen werden müßten. »Wenn man sie gewähren läßt, werden wir alle Teufel oder Hexen sein.« Seine Worte bewahrheiteten sich.

Zwei der befallenen Mädchen machten erfolglose Versuche, der verrückten Welt von Bezichtigungen, die sich über Salem gesenkt hatte, zu entgehen. Als John Proctor verhaftet wurde, weigerte sich sein Dienstmädchen, Mary Warren, gegen ihn auszusagen. Sobald sie das gehört hatten, beschuldigten mehrere andere Mädchen Mary Warren, eine Hexe zu sein. Sie wurde verhaftet und nicht in Ruhe gelassen, bis sie einräumte, daß Proctor sie heimgesucht habe und ihr befohlen habe, ihren Namen in das Buch des Teufels zu schreiben.

Sarah Churchill wurde durch die Verhaftung ihres Arbeitgebers, des alten George Jacobs, ebenfalls kurz wieder zur Vernunft gebracht. Aber sie konnte der Feindseligkeit der Gerichtsbeamten und der anderen Beamten, die entschlossen waren, von jedem der von den Mädchen Bezichtigten das Schlimmste zu glauben, nicht standhalten. Unter unnachgiebigem Verhör sagte sie schließlich aus, Jacobs habe sie gezwungen, sich in das Teufelsbuch einzuschreiben. Sie sagte später über den Bostoner Pfarrer, der mit ihr argumentiert hatte: »Als ich Mr. Noyes auch nur einmal sagte, ich hätte meinen Namen in das Buch gesetzt, wollte er mir glauben. Aber als ich ihm hundertemale sagte, ich hätte es nicht, wollte er mir nicht glauben.« Dieser verzweifelte Aufschrei bezeichnet die Falle, in der sich Salem mit seinem Respekt vor nicht bekräftigtem Erscheinungsbeweis verfangen hatte.

Im April kam der bis dahin größte Schock. Er wurde von Ann Putnam, der Anführerin der Anklägerinnen, herbeigeführt und, wie vermutet worden ist, von ihrer neurotischen Mutter inspiriert. Sie ging an der Pfarrhausweide vorbei, einem Ort, der als der Platz identifiziert worden war, an dem sich die Hexen für ihre teuflischen Mahlzeiten aus rotem Brot, das mit Blut heruntergespült wurde, versammelten. Plötzlich stand Ann Putnam still und rief, »Oh, entsetzlich, entsetzlich! Hier ist ein Pfarrer gekommen! Wie, sind Pfarrer auch Hexen?«

Sie erkannte die Gestalt nicht, aber freundlicherweise nannte die ihr ihren

Namen. Es war Pfarrer George Burroughs, ein früherer Pastor von Salem. Es ist kaum überraschend, daß die Gerichtsbeamten zögerten, bevor sie einen Pfarrer verhafteten, aber Anns Geschichte wurde von Mercy Lewis bekräftigt, die Burroughs' Dienerin gewesen war, bevor sie für die Putnams arbeitete. Die Gerichtsbeamten erließen einen Haftbefehl gegen ihn.

Burroughs war Pfarrer einer weitentfernten Gemeinde in Maine, aber der lange Arm des Gesetzes langte zu und ergriff ihn mitten in einer Familienmahlzeit. Er langte wieder zu, als die Mädchen Captain John Alden nannten, einen hochgeachteten Schiffskapitän, dessen Familie mit den ersten Pilgern mit der *Mayflower* im Jahre 1620 gesegelt waren. Als Alden im Gerichtsraum die Mädchen ansah, kreischten sie und fielen zu Boden. Er wandte sich zu den Gerichtsbeamten und sagte, »Weshalb fallt *Ihr* nicht zu Boden, wenn ich euch ansehe?« Sie übergingen seine Frage und schickten ihn ins Gefängnis. Alden war entschlossen, sein Leben nicht vom Wort einiger verrückter Mädchen abhängig zu machen. Er bestach seinen Wächter, entschlüpfte eines morgens und flüchtete sich in ein Versteck, wo er blieb, bis die Hexenfurcht vorbei war.

Bis zum Juni hatten die Mädchen mehr als 100 Leute beschuldigt, Bürger von Salem und den umliegenden Städten und Dörfern. Die Gefängnisse waren gerammelt voll, und es war an der Zeit, einigen »Hexen« den Prozeß zu machen. Der neuangekommene Britische Gouverneur von Massachusetts, der in Amerika geborene Sir William Phips, berief einen besonderen Court of Oyer and Terminer ein – ein alter Rechtsausdruck, der bedeutet, ein Gerichtshof zum »Hören und Beschließen«. Das Oberhaupt der sieben Richter war der sechzigjährige William Stoughton, ein kalter und unbarmherziger Mann, der niemals irgendein Bedauern über die Justizirrtümer in seinem Gericht ausdrücken sollte.

Die erste, der vom Gericht der Prozeß gemacht wurde, war Bridget Bishop, die Inhaberin einer Taverne in Salem Town. Ihre puritanischen Nachbarn mochten sie nicht wegen ihrer auffallenden Kleidung. Mehrere Männer sagten aus, daß sie von ihr geträumt hätten – oder besser daß sie ihre Gestalt gesandt hatte, um ihren Schlaf zu stören. Sie wurde für schuldig befunden, und am 10. Juni wurde sie zum felsigen Gipfel vom Galgenhügel geführt und gehängt.

Als das Gericht Ende Juni wieder eine Sitzung abhielt, war Rebecca Nurse an der Reihe. Sie wurde mit vier anderen Frauen einschließlich Sarah Good vernommen, und die Jury hatte keine Schwierigkeiten, die anderen vier für schuldig zu befinden. Aber als sie an Rebecca kam, die geduldig dabei blieb, sie habe »niemals ein Kind gepeinigt, nein, niemals«, konnten sie ihr Wort nicht anzweifeln. Es gab außerdem die Aussage ihrer Tochter Sarah, die gesehen hatte, wie eine der Anklägerinnen sich mit einer Nadel kratzte, bevor sie ausrief, Goody Nurse habe sie angegriffen. Die Jury befand Rebecca Nurse für nicht schuldig. Stoughton war außer sich vor Wut, und sandte die Jury zur Neuberatung zurück. Diesmal kamen sie mit der Verurteilung, die er gewünscht hatte, zurück, und am 19. Juli wurde Rebecca Nurse gemeinsam

Nach der Verhaftung von George Burroughs. Der frühere Pfarrer von Salem, Burroughs, arbeitete als Pfarrer in Maine, als er der Hexerei angeklagt wurde. Am Tage seiner Verhaftung gab es ein schweres Gewitter in Maine, und bei seinem Prozeß wurde Burroughs bezichtigt, er habe das Gewitter heraufbeschworen, um seine Ergreifung zu verhindern.

Links: Cotton Mather, ein Pfarrer und überzeugter Hexengläubiger, mag für den Tod Burroughs verantwortlich gewesen sein. Als Burroughs bei seiner Hinrichtung das Vaterunser perfekt sprach – etwas, wozu eine Hexe der gängigen Meinung nach unfähig war –, machte die Menge einen Versuch, ihn zu befreien. Einzig Mathers Behauptung, der Teufel könne als »Engel des Lichtes« erscheinen, ermöglichte es, daß die Hinrichtung durch Hängen vollstreckt wurde.

Der alte Giles Cory, der der Hexerei angeklagt wurde. Da er wußte, daß unter dem gängigen Recht niemand verurteilt werden konnte, der sich nicht als schuldig oder unschuldig erklärt hatte, weigerte sich Giles Cory, bei seinem Prozeß zu plädieren. Obwohl er 80 Jahre alt war, verurteilte ihn das Gericht dazu, daß ihm schwere Gewichte auf die Brust gelegt wurden, bis er sich endlich zu einem Plädoyer herbeiließ. Jedoch ließ sich Cory durch die Folter nicht zu einer Meinungsänderung zwingen, und er war der einzige Mensch in der amerikanischen Geschichte, der per Gesetz totgequetscht wurde.

Das öffentliche Schuldbekenntnis von Richter Samuel Sewall, ein Wandgemälde im Abgeordnetenhaus von Massachusetts. Sewall, einer der Kollegen Stoughtons im »Court of Oyer and Terminer«, spürte später, daß er durch die Verurteilung der Hexen von Salem an Justizirrtümern mitgewirkt hatte. Er bekannte seine Schuld auf die Weise, die unter den Puritanern von Massachusetts üblich war, indem er dem Pfarrer in der Kirche ein schriftliches Bekenntnis übergab. Das Bekenntnis wurde der versammelten Gemeinde vorgelesen, während Sewall dabei stehenblieb; als das beendet war, verneigte er sich zur Gemeinde hin und setzte sich.

Captain Alden, der der Hexerei angeklagt wird. Alden lebte, wie George Burroughs, nicht mehr in Salem, trotzdem wurde er der Hexerei angeklagt, verhaftet und ins Gefängnis geworfen. Dennoch war er einer der wenigen Angeklagten, die der Verurteilung entgingen. Da er erkannt hatte, daß alle, die als Hexen bezichtigt wurden, für schuldig befunden wurden, bestach er seinen Gefängniswärter und entfloh aus dem Gefängnis, um sich versteckt zu halten, bis die Hexenfurcht endlich vorbei war.

William Stoughton, der stellvertretende Gouverneur von Massachusetts und Oberrichter des »Court of Oyer and Terminer«, der damit beauftragt war, über die Hexen von Salem zu urteilen. Stoughtons Ruf als ein strenger Mann wurde bald durch seine Behandlung der Angeklagten bestätigt, und ein Freispruch erwies sich in seinem Gericht als unerreichbar.

mit den anderen vier gehängt.

Diese zweite Reihe von Hinrichtungen rief Panik unter den übrigen Angeklagten und denen, die sie für unschuldig hielten, hervor. Einige der hingerichteten Frauen hatten einen zweifelhaften Ruf besessen, aber wenn eine Jury Rebecca Nurse für schuldig befinden konnte, dann war keiner sicher. Eine Reihe von ihnen fing an, »Geständnisse« abzulegen, weil bekannt war, daß jeder, der sich zur Hexerei bekannte, vor der Hinrichtung verschont wurde. Sie sagten, der Teufel habe sie in verschiedenen Tiergestalten besucht, um sie zu überreden, ihren Nachbarn zu schaden. Später zogen sie alle diese Geständnisse zurück und erklärten, daß sie sie nur gemacht hatten, um dem Aufgehängtwerden zu entgehen. Vermutlich ließen die Behörden diejenigen, die gestanden, am Leben, in der Hoffnung, daß sie noch mehr Leute belasten würden. Was auch immer der Grund gewesen sein mag, es bleibt die Tatsache bestehen, daß nur diejenigen, die weiterhin ihre Unschuld beteuerten, zum Galgen gingen.

Im August wurde der dritten Serie von Gefangenen der Prozeß gemacht, und sie wurden alle sechs für schuldig befunden. Inzwischen fingen gewisse Leute in Massachusetts an, Petitionen zu organisieren, die für gerechtere Prozesse plädierten, doch war die Bewegung noch nicht stark genug, um gegen die Volksfurcht anzukommen, der Teufel reite durch Massachusetts im Versuch, Gottes Herrschaft auf Erden durch die Machenschaften seiner Hexen zu zerstören. Wie konnte die Bosheit der Gefangenen angezweifelt werden, fragten Hexereigläubige, wenn ihre Wirkung auf die leidenden Mädchen von jedem gesehen werden konnte, der an den Verhandlungen teilnahm.

Ein bedeutender Mann, der nach Salem ging, um sich selbst zu überzeugen, war der Reverend Cotton Mather, der fest von der Hexerei überzeugt war und dessen Schriften über den Gegenstand weit und breit in Salem gelesen wurden. Er nahm an dem Prozeß gegen George Burroughs teil und erklärte, daß er fair sei – obwohl ein Beweisstück, das dazu verhalf, Burroughs schuldig zu sprechen, in der Behauptung bestand, er habe, als er draußen war, um Erdbeeren zu pflücken ein unsichtbar machendes Gewand angezogen, um mehr Erdbeeren zu pflücken als seine Gefährten.

Als Burroughs zum Galgen geführt wurde, geschah etwas Bemerkenswertes. Als er mit der Schlinge um den Hals dastand, begann er, das Vaterunser zu sagen. Die Menge wartete darauf, daß er den unvermeidlichen Fehler machte – es wurde angenommen, daß Hexen nicht in der Lage waren, das Vaterunser korrekt herzusagen, weil sie es bei ihren Sabbaten rückwärts sprachen. Doch Burroughs' Vaterunser war Wort für Wort richtig, und er sprach mit so viel Gefühl, daß die Menge zu murmeln begann, er könne schließlich doch kein Hexer sein. Es fand sogar ein Versuch statt, ihn loszumachen, der möglicherweise gelungen wäre, hätte sich nicht Cotton Mather auf seinem Pferd erhoben und der Menge gesagt, der Teufel könne sich manchmal als ein Engel des Lichtes verkleiden. Also wurde Burroughs gehängt.

Unter den mit Burroughs für schuldig befundenen waren George Jacobs und John und Elizabeth Proctor. Jacobs und Proctor wurden gehängt, doch der Zeitpunkt von Elizabeth Proctors Hinrichtung wurde aufgeschoben, weil sie schwanger war. Das rettete ihr das Leben.

Im September hielt das Gericht wieder eine Sitzung ab, und diesmal befand es 15 Leute für schuldig. Unter ihnen waren Tituba und Martha Cory, die sechs Monate zuvor die Mädchen ausgelacht hatte. Ein sechzehnter – Martha Corys achtzigjähriger Mann Giles – war vor Gericht gestellt worden, aber sein Fall konfrontierte das Gericht mit einem Problem. Als er gefragt wurde, »Wie plädieren Sie zu den Anklagen gegen Sie?«, hatte sich Giles Cory geweigert zu antworten. Unter den englischen Gesetzen und daher auch denen Neuenglands konnte niemand für ein Verbrechen mit Ausnahme Hochverrats verurteilt werden, bis er plädiert hatte. Doch hatte das Gesetz auch ein Mittel erfunden, wie der Gefangene zur Antwort auf eine Anklage gezwungen werden kann, nämlich indem er der *peine forte et dure* – »starker und harter Bestrafung« – unterzogen wurde, die darin bestand, schwere Gewichte auf den Körper eines Gefangenen zu legen, bis ihn der Schmerz zum Sprechen zwang. Die Richter ordneten für Cory die *peine forte et dure* an, und der High Sheriff und seine Bevollmächtigten brachten ihn zu einem Feld in der Nähe des Gerichtshauses. Sie pflockten ihn am Boden fest und häuften Felsbrocken auf seinen Brustkasten. Doch der alte Mann gab nicht nach, nicht einmal als das Gewicht ihm die Zunge aus dem Munde preßte, und der Sheriff sie mit seinem Stock wieder hineinstieß. Nach zwei Tagen der Marter starb Giles Cory.

Drei Tage später wurden seine Frau und sieben der mit ihr Angeklagten gehängt. Die anderen, die gleichzeitig für schuldig befunden wurden, samt Tituba, hatten Geständnisse abgelegt und waren ins Gefängnis zurückgebracht worden.

Bevor das Gericht wieder zu einer Sitzung zusammentreten konnte, taten die Mädchen zuviel des Guten. Man hatte geglaubt, daß die Hinrichtung der Hexen die Leiden der Mädchen verringern würde, mußte jedoch entdecken, daß das Gegenteil der Fall war. Mit jeder Hexe, die zum Galgen ging, fanden die Mädchen mehr Leute, um sie anzuklagen. Schließlich riefen sie Namen aus, die selbst ihre voreingenommenen Vernehmer nicht akzeptieren konnten, so zum Beispiel Verwandte der Richter und die Frau des Gouverneurs, Lady Phips.

Der Gouverneur war während der meisten Zeit der Hexenjagd fort gewesen, um Indianer an der kanadischen Grenze zu bekämpfen. Als er erfuhr, was in seiner Abwesenheit vorgegangen war, beschimpfte er offen Richter Stoughton und gebot den Tätigkeiten seines Court of Oyer and Terminer Einhalt.

Weisere Stimmen fanden schließlich Gehör. Die theologischen Punkte wurden von einer Anzahl von Pfarrern untersucht, von denen keiner so leichtgläubig war wie Samuel Parris oder Cotton Mather. Cottons Vater, Increase Mather, der Präsident von Harvard College erklärte: »Es ist besser, daß 10 verdächtigte Hexen entkommen, als daß ein Unschuldiger verurteilt wird.«

Ein neues Gericht wurde eingesetzt, und der Erscheinungsbeweis wurde verworfen. Da die Gefangenen begnadigt oder die Anklagen gegen sie fallengelassen wurden, begannen die Gefängnisse, sich zu leeren. Am 14. Januar 1693 erließ Gouverneur Phips eine Begnadigung für alle der Hexerei Angeklagten. Massachusetts schüttelte das Hexenfieber ab und begann, sein Alltagsleben wiederaufzunehmen. Aber in Salem Village verblieben die Narben generationenlang.

Während der Hysterie waren die Mädchen für die Verhaftung von nahezu 200 Personen verantwortlich gewesen, von denen 30 zum Tode verurteilt wurden. Neunzehn wurden gehängt, einer zu Tode gepreßt, zwei starben im Gefängnis, einer entkam, bei zweien wurde die Hinrichtung auf Grund von Schwangerschaft aufgeschoben, und sie wurden schließlich begnadigt, und fünf entgingen der Hinrichtung, indem sie nach dem Urteil ein Geständnis ablegten. Als die Manie abklang, blieben mehr als 150 angeklagte Hexen im Gefängnis. Trotz ihrer Begnadigung mußten diese Leute Gerichts- und Gefängniskosten bezahlen, bevor sie befreit wurden. Tituba gehörte zu den letzten, die befreit wurden, weil sich Parris weigerte, für sie zu bezahlen. Sie wurde verkauft, um die Kosten zu decken. Parris selbst trat im Jahre 1697 unter Druck vom Amt des Pfarrers in Salem zurück.

Es scheint keinen Zweifel daran zu geben, daß einige Zauberei einfacher Art in Salem Village praktiziert wurde. Tituba befaßte sich ganz gewiß ein wenig mit Zauberei, und vermutlich war es der Unterschied zwischen ihren exotischen Zaubern und der Heil- und Wahrsagekunde der Neuengländer, der in den Köpfen der kleinen Elizabeth Parris und ihrer Gefährtinnen eine derartige Verwüstung anrichtete. Die Puritaner verdammten all solche Formen von Aberglaube, gleichgültig welchem Land sie entstammten, trotzdem blieb der Aberglaube bestehen. Die Puritaner betrachteten solche Betätigungen als Teufelswerk, doch sie sahen den Teufel in allem, was ihren Überzeugungen widerstrebte. Selbst die natürliche Widersetzlichkeit von Heranwachsenden wurde als Satanswerk interpretiert.

Die halbwüchsigen Mädchen von Salem entdeckten rasch, daß ihnen ihre Anfälle eine goldene Gelegenheit gaben, den Härten einer strengen religiösen Erziehung zu entgehen und sich bei geringer Furcht vor Strafe allen möglichen Arten von anstößigem Verhalten hinzugeben. Sie mußten jedoch eine Erklärung für ihre dummen Streiche abgeben.

Verantwortliche Erwachsene waren offenkundig bereit – ja sogar begierig –, zu glauben, sie seien verhext. Tatsächlich unterstützten der Arzt und der Pfarrer aktiv die Vorstellung. Als erst einmal die ersten Anklagen erhoben waren, gab es kein Zurück mehr. Immer wenn die Mädchen zögerten, gab es Erwachsene – insbesondere Ann Putnams Mutter –, die ihnen ihr Zeugnis einsagten. Die Hexenjagd mag mit einer echten Störung im Geiste der eindruckfähigeren Mädchen wie Elizabeth Parris begonnen haben, sie wurde jedoch von Bosheit, Hascherei nach Aufmerksamkeit und Sensationslust geschürt. »Wir taten es zum Vergnügen,« gab eines der Mädchen zu. »Wir mußten irgendein Vergnügen haben.«

Um dieses Verlangen zu befriedigen, nutzten sie die maßgebenden Ängste der Zeit aus. Und 22 ihrer Mitbürger mußten sterben.

Zweiundzwanzig ist im Vergleich zu den Hunderttausenden, die in Europa häufig nach entsetzlicher Folter starben, so gut wie nichts. Salem verdankt seine Berühmtheit zum Teil der Tatsache, daß es so schnell zur Vernunft kam, und teilweise dem Reichtum an Pamphleten, Tagebüchern, Briefen und Gerichtsberichten, die die Protagonisten außerordentlich lebendig werden lassen. Einige der Beteiligten waren tückisch, andere nobel, viele von Vorurteilen geblendet. Die Mehrheit waren besorgte Männer und Frauen, die handelten, wie sie es für das Beste hielten.

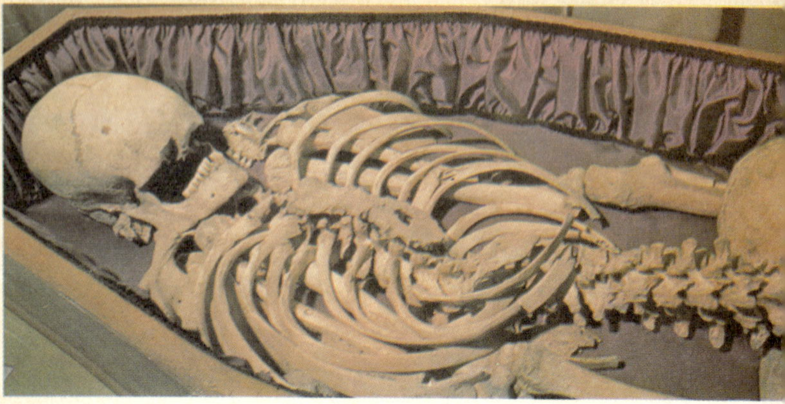

Die Knochen der englischen Hexe Ursula Kemp, eine von 13 Frauen, die im Jahre 1582 in St. Osyth, Essex, wegen Hexerei vor Gericht standen. Trotz des detaillierten »Beweismaterials«, das der Jury vorgelegt wurde, wurden nur sechs der Hexen für schuldig befunden und hingerichtet, aber Ursula Kemp war eine von ihnen. Ihre Knochen werden heute im Hexenmuseum in Boscastle, Cornwall, aufbewahrt.

Eine wächserne Hexerei-Puppe, die in einem kleinen Holzsarg aufbewahrt ist. Die schottische Hexe Isobel Gowdie benutzte eine Puppe wie diese, jedoch aus Ton statt aus Wachs verfertigt, um den Tod der Söhne des Gutsbesitzers von Park herbeizuführen. Der Puppenzauber wurde dadurch bewirkt, daß von der Person, der Böses gewünscht wurde, ein Abbild verfertigt wurde, das dann entweder begraben oder von Nadeln durchbohrt wurde, oder von dem der Teil des Körpers verbrannt wurde, auf den der Zauber einwirken sollte.

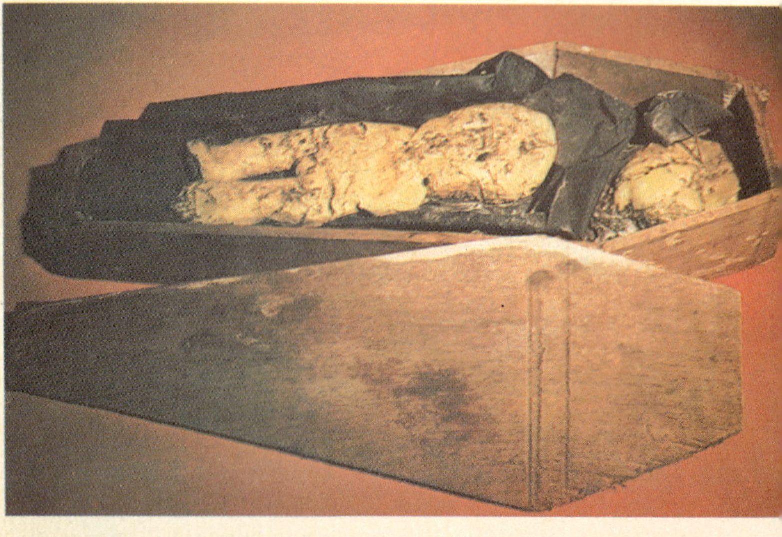

Die erdichtete schottische Zigeunerin Meg Merrilies, Heldin eines Gedichtes von John Keats und eine Gestalt in Walter Scotts Roman *Guy Mannering*, ist typisch für die bäuerliche Zauberin oder Hexe der Vergangenheit.

Nachbildungen eines Mannes und einer Frau, deren Herzen von Weißdornzweigen durchbohrt waren, und ein ähnlich durchbohrtes getrocknetes Schafsherz tauchten auf geheimnisvolle Weise eines nachts in Castle Rising, einem zerstörten Festungsturm in Norfolk, England, auf. Offenbar Todessymbole, die von einem Gläubigen der Schwarzen Magie hinterlassen wurden, ähneln die Nachbildungen denen, welche weiße Hexen verwenden, um Heilungszauber durchzuführen.

Rechts: Astarte Syriaca vom englischen Maler Dante Gabriel Rossetti aus dem 19. Jahrhundert. Phönizische und Kanaanitische Völker des mittleren Ostens verehrten die Muttergottheit als Astarte, die Tochter von Uranos (Himmel) und Gäa (Erde) und Göttin der Liebe.

DIE SCHWARZE MESSE

Am 4. Januar 1679 begann der Pariser Polizeikommissar Nicolas de la Reynie mit Ermittlungen, die viele der führenden Gestalten Frankreichs in den ernstesten Skandal der langen Regierungszeit Ludwigs XIV. verwickeln sollten. La Reynie entdeckte, daß Mitglieder des Adels in ungeheurem Ausmaß Leute vergifteten, gewöhnlich um Erbschaften zu erzielen oder einen unerwünschten Gatten loszuwerden. Mitglieder des Hofes waren tief in ein finsteres Netzwerk von Giftschiebern und Satanisten verwickelt, und Personen, die intime Vertraute des Königs waren, suchten regelmäßig die Hilfe des Teufels, indem sie bei Satansmessen Babys opferten. Die Satansmesse oder Schwarze Messe ist eine Travestie auf das geheiligtste Ritual der Kirche. Sie entwickelte sich teils aus Berichten über Ketzerpraktiken, die angeblich an Sabbaten ausgeübt wurden, und teils aus den Messen zu besonderen Anlässen, die ein Zug der frühen christilichen Kirche waren. Unter den frühen Christen war es nicht ungewöhnlich, daß man einen Priester bezahlte, damit er eine besondere Messe sage, um den Tod eines Feindes zu erwirken oder für den Antragsteller finanziellen oder sexuellen Erfolg zu gewährleisten. Während der Hexenverfolgung wurden Hexen häufig bezichtigt, sich allen möglichen Verkehrungen oder Parodien christlichen Rituals zu befleißigen, und das führte zu der irrigen Vorstellung, die Schwarze Messe sei ein regelmäßiger Bestandteil des Sabbats. In Wirklichkeit beziehen sich nur sehr wenige Geständnisse auf die Durchführung einer solchen Zeremonie, und die Schwarze Messe entfaltete sich als solche erst, nachdem der Hexenwahn vorbei war. Der Begriff Schwarze Messe taucht im Englischen zum erstenmal 1896 auf.

Nichtsdestoweniger könnte es, da viele moderne Zeitungen und wahrscheinlich die meisten ihrer Leser ständig Hexerei mit der Schwarzen Messe und Satanismus verwechseln, von Nutzen sein, die wesentlichen Unterschiede zwischen diesen Tätigkeiten zu erhellen. Die Schwarze Messe ist eine blasphemische und obszöne Perversion der Messe, der angeblich gefrönt wird, um Gott zu verhöhnen und Satan zu verehren, obwohl sie in der Hoffnung zelebriert sein mag, einen bösen Zweck zu erreichen. Hexerei, wie sie zur Zeit der Verfolgungen definiert wurde, beinhaltete Teufelsverehrung, doch schloß das selten die Durchführung einer ganzen Schwarzen Messe ein. Satanismus ist eine spätere Entwicklung und eine völlige Umkehrung des orthodoxen Christentums. Die Satanisten glauben, daß der Teufel das Gute und Gott das Böse repräsentiert, und die Schwarze Messe ist ein zentraler Charakterzug ihres Rituals.

Die von Nicolas de la Reynie im Jahre 1679 aufgedeckte Affäre ist einer der wenigen Fälle, die insofern Hexerei mit der Schwarzen Messe verbinden, als unter den Giftschiebern, die Ludwigs XIV. Palast in Versailles infiltriert hatten, mehrere vermeintliche Hexen waren.

Das Frankreich Ludwigs XIV. war ein Rahmen, in dem Extreme der Eleganz neben Extremen des Lasters bestanden. Exquisit gekleidete Höflinge beschäftigten sich mit den sorgfältigsten Feinheiten von Etikette und Benehmen, waren jedoch fähig zu brutaler Grausamkeit, um ihre Ambitionen zu fördern. Ludwig XIV., der »Sonnenkönig«, war das Zentrum, um das sich alles drehte. Er war der goldene Quell von Reichtum und Ehren. Kommissar La Reynie brachte die Schattenseite der glitzernden Welt ans Tageslicht.

Als mehrere Giftlieferanten Mitglieder des Hofes als ihre Kunden nannten, berief der König eine Sonderkommission ein, um die Untersuchung fortzusetzen und über die Angeklagten zu richten. Sie wurde im Volksmund die *Chambre ardente* oder die brennende Kammer genannt, weil sie in einem mit schwarzen Draperien verhangenen und von Kerzen erhellten Raum zusammentrat. Die Kommission hielt ihre Sitzungen geheim ab und gestattete keinen Appell. Viele Leute wurden verhaftet, unter denen Catherine Monvoisin die berühmteste werden sollte. Allgemein bekannt als La Voisin war sie eine erfolgreiche Wahrsagerin, die häufig vom Adel aufgesucht wurde, gleichzeitig war sie Sachkundige in zahlreichen okkulten Wissenschaften einschließlich der Fertigkeit, Liebeszauber und Todeszauber zu bewerkstelligen. Zwei Priester wurden mit ihr zusammen verhaftet, doch war ihre Rolle im Drama nicht unmittelbar klar. La Reynies unverzügliche Aufgabe bestand darin, so viele der Giftschieber und ihrer Kunden zu verhaften, wie er konnte.

Am Ende des Jahres waren mehrere Giftlieferanten verbrannt. Eine hübsche junge Herzogin war verbannt worden, weil sie versucht hatte, ihren alten und reichen Ehemann mit Hilfe eines mit Arsenik getränkten Hemdes zu töten. Andere Aristokraten waren in der Bastille in Haft oder außer Landes geflohen. Der König selbst drängte seine Kommissare, »den abscheulichen Gifthandel so gründlich als möglich zu durchdringen; strenge Gerechtigkeit walten zu lassen ohne Ansehen der Person, des Ranges oder des Geschlechts.«

Im folgenden Oktober jedoch befahl der König, daß gewisses Beweismaterial aus den Berichten entfernt würde. Die Sitzungen der *Chambre ardente* wurden eingestellt, und die Untersuchung wurde auf das privateste, jedoch intensive Verhör durch La Reynie und einen einzigen Kollegen reduziert. Der Grund für diesen völligen Umschwung war die Nähe des Skandals zum König. Von allen Mitgliedern des Hofes, die Kunden der Wahrsager und Giftschieber gewesen waren, war keines schuldiger als die Frau, die 12 Jahre lang seine eigene Geliebte gewesen war: Françoise Athénais de Rochechouart, Marquise de Montespan. Sie war einflußreicher als die Königin und das leuchtendste Juwel des Zeitalters Ludwigs XIV. Die Untersuchung enthüllte die mörderischen Methoden, mit denen sie ihre Position erlangt und gehalten hatte.

Die Geschichte beginnt 13 Jahre früher, im Jahre 1667. Madame de Mon-

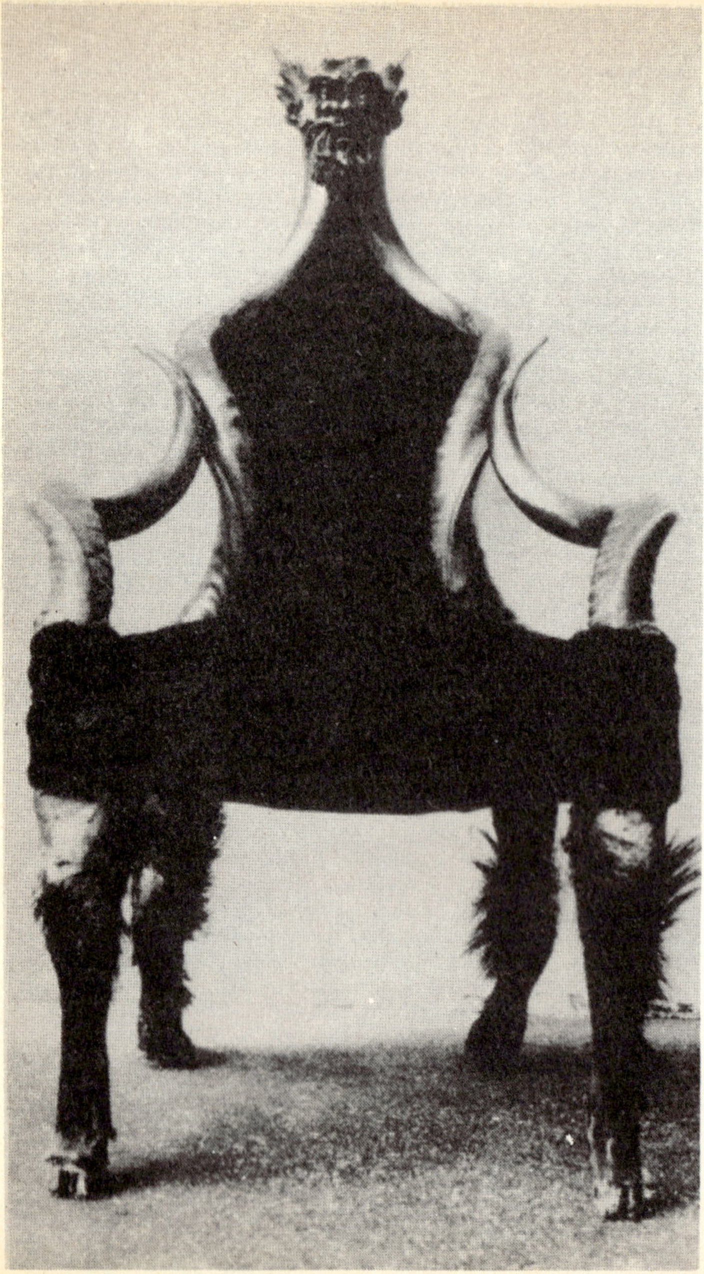

Der Tod von La Voisin auf dem Scheiterhaufen, eine Pariser Wahrsagerin, die sehr häufig von der französischen Aristokratie aufgesucht wurde. La Reynies Untersuchung enthüllte, daß La Voisin ihre Gönner mit Giften versorgte und diejenigen, die einen besonderen Wunsch hatten – unter ihnen die Marquise de Montespan, die Geliebte von Ludwig XIV. – mit einem Priester bekanntmachte, der eine Schwarze Messe zelebrierte, um die Hilfe des Teufels heraufzubeschwören.

Dieser seltsame Stuhl, der auf Ziegenbeinen steht und von einem Teufelskopf überragt wird, war dem Hauptgast bei den Feiern der Schwarzen Messe, Satan selbst, vorbehalten.

tespan, damals 25 Jahre alt, war Hofdame der Königin. Der König fing an, seiner damaligen Geliebten, Louise de la Vallière, müde zu werden, und Madame de Montespan beschloß, ihren Platz einzunehmen. Sie suchte Hilfe bei La Voisin, die sie mit Abbé Mariette bekanntmachte. Sie erklärte sich bereit, die Wirkung einer besonderen Art magischer Messe auszuprobieren, die im Rufe stand, den Erfolg in der Liebe zu fördern. Bekannt als die Messe des Heiligen Geistes war sie eine weniger extreme Variante der Schwarzen Messe.

Die Messe wurde in einem Haus in Paris abgehalten. Der Abbé in vollem Ornat sprach den Ritus und beschwor den Heiligen Geist in einer lateinischen Hymne. Madame de Montespan kniete vor ihm und sprach Beschwörungen gegen ihre Rivalin. »Ich bitte um die Zuneigung des Königs,« intonierte sie, »daß sie fortgesetzt sein möge, daß die Königin unfruchtbar werden möge, daß der König ihr Bett und ihren Tisch um meinetwillen verlassen möge, daß ich von ihm alles erlange, was ich für mich und meine Verwandten erbitte; daß ich, geliebt und respektiert von großen Adligen, zu den Beratungen des Königs berufen werde und weiß, was dort geschieht; und daß der König La Vallière verlassen und sie nicht mehr ansehen möge.«

Der Ritus wurde in des Abbés eigener Kirche über den Herzen zweier Tauben, Symbole der Venus, die feierlich im Namen des Königs und Madame de Montespans geweiht wurden, gesprochen. Eine dritte Messe mit dem Ziel, den Tod der Rivalin herbeizuführen, wurde über menschlichen Knochen abgehalten.

Diese Messen schienen der ehrgeizigen Hofdame alles zu geben, was sie ersehnte. Der Stern La Vallières verblaßte, und Madame de Montespan wurde der maßgebende Günstling. Der König baute ihr ein Schloß auf dem Lande und überschüttete sie und ihre Verwandten mit Reichtum und Ehren. In einem von Ränkeschmieden überfüllten Hof aber konnte Madame de Montespan es sich nicht leisten, auf ihren Lorbeeren auszuruhen. Die Furcht davor, von einer Rivalin verdrängt zu werden, und vor den wechselnden Launen des Königs sandten sie wieder und wieder um übernatürlicher Hilfe willen zu La Voisin zurück. La Voisins Tochter Marguerite sagte den Richtern von der *Chambre ardente,* »Jedesmal, wenn Madame de Montespan etwas Neues zustieß, oder sie irgendeine Verringerung der Gunst des Königs fürchtete, sagte sie meiner Mutter Bescheid, damit sie Abhilfe schaffe; und meine Mutter suchte sofort Zuflucht zu Priestern, die sie Messen lesen ließen und meiner Mutter Pulver gaben, die dem König verabreicht werden sollten.«

Diese Pulver waren Liebeszauber, die den verschiedenen Formeln der Zauberei entsprechend zusammengesetzt waren und den Staub getrockneter Leberflecke, Fledermausblut, das berühmte Aphrodisiakum *Kantharidin* – hergestellt aus feingemahlenen Ölkäfern, besonders der spanischen Fliege – und allerlei andere giftige Substanzen enthielten. Die daraus entstandene Mischung wurde unter den Abendmahlskelch bei einer Schwarzen Messe auf den Altar gestellt und im Augenblick der Konsekration vom Priester geseg-

Nicolas de la Reynie, der Pariser Polizeikommissar während der Herrschaftszeit Ludwigs XIV. Aus Anlaß einer zufälligen Bemerkung über Giftmord, die während eines Festessens fiel, begann La Reynie mit einer Untersuchung, die viele der reichsten und einflußreichsten Mitglieder der französischen Gesellschaft in einen Skandal verwickelte, der nicht nur Giftmord, sondern auch Teufelsanbetung und die Schwarze Messe einbezog.

net. Madame de Montespan streute die Pulver in das Essen des Königs, und er schluckte sie, ohne es zu wissen.

Bei einer Gelegenheit packte den König Reue wegen seines Ehebruchs, und Madame de Montespan wurde vom Hof verbannt. Sie nahm augenblicks zu den Zaubern und Messen Zuflucht, und nach einem einzigen Monat des Exils wurde sie an des Königs Seite zurückgerufen. Gefährlicher als des Königs gelegentliche religiöse Skrupel war jedoch das schweifende Auge, das er auf die anderen Schönheiten bei Hofe warf. Im Jahre 1672 kehrte Madame de Montespan zu La Voisin zurück, diesmal bedurfte sie einer stärkeren Magie. Sie wurde vom Abbé Mariette dem finsteren Abbé Guibourg in die Hände gegeben.

Guibourg behauptete, der uneheliche Sohn eines Adligen zu sein. Er näherte sich den 70, war häßlich, aufgeschwemmt und durch starkes Schielen entstellt. Seine Spezialität war eine wahrhaft satanische Version der Schwarzen Messe.

Um die gewünschte Wirkung zu erzielen, mußte die Messe dreimal nacheinander zelebriert werden. Madame de Montespan und Abbé Guibourg trafen sich zur ersten Messe im abgelegenen und von tiefen Gräben umgebenen Château de Villebousin zwischen Paris und Orléans. In der Kapelle des Schlosses entkleidete sich Madame de Montespan und legte sich auf den Altar, in jeder Hand eine Kerze. Pater Guibourg zelebrierte die Messe auf ihrem nackten Körper, indem er den Kelch auf ihren Bauch stellte. Im Augenblick der Konsekration hob er ein kleines Kind hoch, schlitzte ihm mit einem Taschenmesser die Kehle auf und ließ das Blut in den Kelch fließen. Er und Madame de Montespan sprachen dann die folgende Zauberformel, die zwei der Hauptdämonen der Hölle beschwor: »Astaroth, Asmodeus, Fürsten der Zuneigung, ich beschwöre euch, das Opfer dieses Kindes, das ich euch darbiete, wider die Dinge, die ich von euch erbitte, anzunehmen, welche sind, daß die Zuneigung des Königs zu mir fortbestehen möge; und daß, geehrt von den Fürsten und Fürstinnen des Hofes, mir nichts abgeschlagen werden möge, was ich vom König erbitte.«

Die zweite Messe, die ebenfalls die Opferung eines Kindes einbezog, wurde in einer baufälligen Hütte auf dem Lande abgehalten, und die dritte Messe fand, wie man angab, in einem Haus in Paris statt. Es überrascht wenig, daß Madame de Montespan von der Macht der Höllenfürsten allmählich überzeugt war. Auf ihre mörderischen Anrufungen an sie folgte des Königs erneuerte Ergebenheit.

Aber ständig tauchten neue Krisen auf. Im Jahre 1675 mußten die Messen wieder gelesen werden, und La Voisins Tochter beschrieb später, wie sie ihrer Mutter geholfen hatte, einen Raum in ihrem Hause für die Zeremonie vorzubereiten. Sie legte eine Matratze auf Hocker mit einem Schemel an jedem Ende. Der Abbé Guibourg, der aus einem Seitenzimmer kam, trug eine weiße Kasel mit schwarzen Tannenzapfen darauf, Madame de Montespan trat ein und legte sich »völlig nackt auf die Matratze mit herunterhängendem Kopf, der von einem Kissen auf einem umgekehrten Stuhl gestützt wurde, auch die Beine hingen über, eine Serviette auf dem Bauch, ein Kreuz auf der Serviette und der Kelch auf dem Bauch.«

Ein scheußliches Detail betraf das Kind, das geopfert wurde und diesmal eine Frühgeburt war. Als seine Kehle aufgeschnitten wurde, floß das Blut nicht, und Guibourg mußte das Herz aufschneiden, um ein wenig geronnenes Blut zu erhalten. Madame de Montespan nahm etwas von diesem Blut mit zum Hof zurück, um es dem König ins Essen zu tun.

Im Jahre 1679 war Ludwig Madame de Montespans müde geworden und nahm eine neue Geliebte, Mademoiselle de Fontanges. An diesem Punkte versuchte Madame de Montespan oder einer ihrer Verbündeten, den König und seine neue Geliebte mit Hilfe einer weiteren Reihe Schwarzer Messen zu töten. Die Zeremonien erzielten nicht die erwünschte Wirkung, und bevor weitere Versuche gemacht werden konnten, hatte La Reynie angefangen, seine Verhaftungen vorzunehmen.

Angesichts der schockierenden Enthüllungen, die darauf folgten, ist es kaum überraschend, daß der König abrupt den Untersuchungen in der *Chambre ardente* Einhalt gebot. Der glänzende Hof, der seine eigene maßlose Selbstliebe widerspiegelte, konnte nicht als lasterhafter und blasphemischer Schein bloßgestellt werden. Er konfrontierte Madame de Montespan privat mit ihren Verbrechen, aber sein Stolz verbot es ihm, sie öffentlich zu entehren. Zehn Jahre lang besuchte er sie täglich, um einen Skandal zu vermeiden. Was bei diesen Gelegenheiten zwischen ihnen vorging, wird niemals bekannt werden.

La Reynie verhaftete 360 Leute, von denen 110 der Prozeß gemacht wurde und 36 verbrannt oder gehängt wurden. Mehrere Priester gestanden, daß sie Schwarze Messen zelebrierten. Bei wenigstens zwei Gelegenheiten opferte eine anwesende Frau ihr eigenes neugeborenes Kind, und der Priester sprach die Messe über der Plazenta. Ein Priester lag öffentlich mit einem Mädchen auf dem Altar, während er die Messe des Heiligen Geistes zelebrierte. So entsetzlich diese Vergehen auch waren, so war es doch unmöglich, viele der Betroffenen vor Gericht zu stellen aus Furcht, daß ihre Aussagen Madame de Montespan mit hineinziehen würden. Die einzige Lösung war, sie ohne Prozeß im Gefängnis festzuhalten. Dieses Schicksal erlitten 150 Leute, die bis zu ihrem Tode in strenger Isolierung von allen anderen Gefangenen gehalten wurden. Der letzte von ihnen starb im Jahre 1724, vierzig Jahre nachdem die Untersuchung abgeschlossen worden war. Der König selbst verbrannte die Dokumente über den Fall, und nur weil La Reynies Notizen erhalten blieben, haben wir einen Bericht über die authentischste und einflußreichste Schwarze Messe, von der bekannt ist, daß sie stattgefunden hat.

Vielleicht war irgendein derartiger Ausbruch unvermeidlich. Jahrhundertelang wurden Hexen und Ketzer bezichtigt, Kinder dem Teufel zu opfern – mit geringen oder überhaupt keinen Beweisen, daß solche Verbrechen je vorkamen. Als also gewisse skrupellose Leute ernsthaft wünschten, die Hilfe

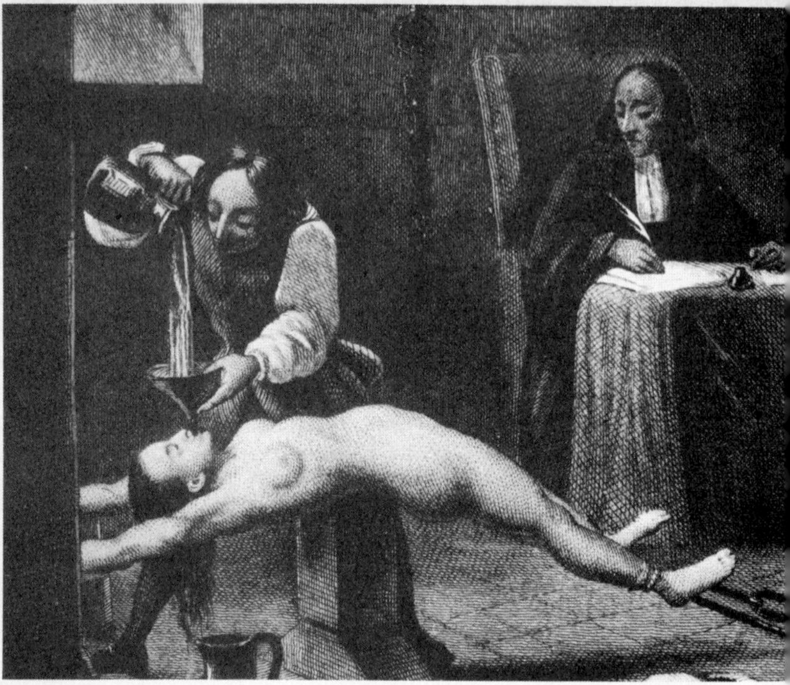

Ermittlungsbeamte versuchen, der Marquise de Brinvillier durch die Wasserfolter ein Geständnis abzuzwingen. Der Magen des Opfers wurde unter Zwang mit Wasser gefüllt, bis er überdehnt war. Wenn dann kein Geständnis erfolgte, wurde auf den Leib geschlagen. Sechs Jahre, bevor La Reynie mit seiner Untersuchung des Giftskandals begann, wurde De Brinvillier unter der Anklage verhaftet, ihren Vater und ihren Bruder durch Gift getötet zu haben.

Rechts: De Brinvillier bei ihrer öffentlichen Buße vor der Pariser Kathedrale Notre Dame. Danach wurde sie zum Grèveplatz geführt, wo sie enthauptet und ihr Körper verbrannt wurde. Als sie verhört wurde, hatte De Brinvillier erklärt, »die Hälfte des Adels ist in diese Dinge verwickelt, und ich könnte sie ruinieren, wenn ich sprechen würde«. Nicht lange darauf machte La Reynie es überaus deutlich, daß die Marquise die Wahrheit gesagt hatte.

des Teufels zu erlangen, war es fast natürlich, daß sie es nach den von den Hexenjägern festgelegten »Regeln« tun würden. Selbst Rossel Hope Robbins, jener Erforscher von Volksverblendungen, bemerkt, daß die *Chambre-ardente*-Affäre »möglicherweise der einzige Hexenprozeß ist, der auf einem Element faktischer Wahrheit basiert, statt auf den wilden Phantasien junger Neurotiker oder der morbiden Logik perverser Hexenrichter und Inquisitoren.«

In einem derart mit phantastischen Vorkommnissen erfüllten Fall ist vielleicht das Bezeichnendste, daß die Rituale des Kindermordes und der Anrufe an die Hölle zumindest eine Reihe von Jahren lang erfolgreich waren. Zweifellos spielten die mit Aphrodisiaka verbundenen Liebeszauber ebenfalls ihre Rolle; aber neuere Theorien über die Macht des Denkens – besonders übelwollenden Denkens – legen nahe, daß konzentrierte Gedankenanspannung, wie sie bei der Schwarzen Messe ausgeübt sein mag, die Macht hat, den Geist anderer zu beeinflussen.

Seit dem 17. Jahrhundert wurde die Schwarze Messe periodisch wiederbelebt, häufig von Leuten in weltgewandten Kreisen, die nach einer neuen Sensation suchten. Dies gilt für die Mitglieder von Englands bekannten Hell Fire Clubs. Sie bestanden meist aus jungen Männern, die mit dem Satanismus herumexperimentierten und sich trafen, um sich zu ihrer Unterhaltung verschiedensten obszönen und blasphemischen Betätigungen hinzugeben. Es gab überall in England, Irland und Schottland mehrere Hell Fire Clubs, aber der Hauptclub traf sich in London unter eleganten Adressen im Jahre 1720. Dreißig Jahre später traten 12 reiche junge Wüstlinge zu einer frevlerischen Bruderschaft von »Mönchen« zusammen und trafen sich zweimal im Monat im entsprechend neuhergerichteten Domstift von Medmenham Abbey am Oberlauf der Themse. Nur sieben von ihnen wurden je eindeutig indentifiziert, zu ihnen gehörte jedoch der skandalumwitterte Sohn eines Erzbischofs von Canterbury und Sir Francis Dashwood, der die Abtei mietete und erster »Abt« wurde. Über dem Portal des Domstifts kann man noch ein Zitat von Rabelais lesen: *Fay ce que voudrais,* tu was du willst. Die Wände waren mit obszönen Büchern bedeckt, die als Andachtsbücher gebunden waren, und die »Mönche« besaßen eine Galerie seltener pornographischer Gemälde. Meisterköche bereiteten exotische Gerichte, und Mädchen wurden extra aus London herbeigebracht, um einen anderen Appetit zu befriedigen. Bei ihren Zusammenkünften opferten die »Mönche« Bacchus, dem Gott des Weines, und Venus, der Liebesgöttin, und vermutlich auch dem Teufel, obwohl es schwer zu sagen ist, wie ernst ihnen diese Verehrung war. Einer der »Mönche« soll während einer Schwarzen Messe einen Pavian losgelassen haben.

In der letzten Hälfte des 19. Jahrhunderts gab es ein Wiederaufleben des Interesses an jedem Zweig des Okkulten. In Frankreich predigte ein des Amtes entkleideter Priester, Joseph Antoine Boullan aus Lyon, der Weg zum Heil liege in der Kopulation sowohl mit Menschen wie auch mit Engeln und Geistern der Toten. Wissentlich oder nicht erweckte er die mittelalterliche

Vorstellung von Dämonenliebhabern wieder zum Leben, derzufolge der Teufel zu seinen weiblichen Hexen einen *Inkubus* genannten Dämon sandte und zu seinen männlichen Hexen einen *Sukkubus.* Gemeinsam mit einer Nonne, die seine Geliebte wurde, leitete Boullan eine Satanistengruppe, die sich auf das Exorzisieren von Dämonen von angeblich besessenen Nonnen durch die Austeilung geweihter Hostien vermischt mit Exkrementen spezialisierte. Er feierte mit großer Gewißheit eine Anzahl Schwarzer Messen, in denen er angeblich Kleinkinder, die Ergebnisse der Sexualexzesse der Gruppe, kreuzigte. Von ihm wird berichtet, er habe während einer Schwarzen Messe sein eigenes Kind geopfert. Sein Treiben wurde das erstemal von einem rivalisierenden Magier, dem Marquis Stanilas de Guaita, enthüllt, der eine Schwarze Messe gegen Boullan zelebriert haben soll. Später schrieb Joris-Karl Huysmann, ein Okkultist, der sich dem Christentum zugewandt hatte, ein Buch mit dem Titel *Là-bas.* Darin enthüllte er Einzelheiten über zahlreiche in Frankreich im späten 19. Jahrhundert operierende satanistische Gruppen, einschließlich der von Boullan. Huysman beschreibt eine Schwarze Messe, bei der der Priester in blutroten, mit obszönen Symbolen bestickten Kleidungsstücken die Messe rückwärts sprach, die Hostie entweihte und den Teufel anrief, um der Gemeinde Männlichkeit, Ruhm, Reichtümer und Macht zu verleihen. Die Ministranten waren stark geschminkte, männliche Prostituierte, und die Messe endete in einer Sexualorgie. Huysmans Buch war eine Sensation und regte zweifellos viele darauffolgende okkulte Fiktionen an. Boullan, der angeblich seinen bevorstehenden Tod in einem Gespräch mit Huysman vorhergesagt haben soll, starb zwei Jahre nach der Veröffentlichung von *Là-bas* im Jahre 1893.

Aufgrund des Fehlens einer kontinuierlichen Tradition ist die Schwarze Messe weitgehend eine literarische Schöpfung, in der Satanisten der einen Periode des Wiederauflebens ein Ritual aus den erhaltenen Berichten einer früheren rekonstruieren. Schwarze Messen unterscheiden sich in verschiedenen Berichten entscheidend voneinander, weitgehend deswegen, weil einige Schriftsteller und Praktiker das Sakrileg betonen, andere die Obszönität.

Zum Beispiel wurden an verschiedenen Orten verschiedene Substanzen für die Oblate, die Hostie verwandt. Eine Spottzeremonie hob eine schwarzgefleckte Rübenscheibe hoch. Andere benutzten gewöhnliches, im Namen des Teufels geweihtes Brot. Wieder andere gingen so weit, ihre eigenen mit dem Namen Satans geprägten Oblaten herzustellen. Einige Satanisten bevorzugten eine direkte Entweihung. Sie nahmen an einer wirklichen Messe teil, manchmal mit Alaun im Munde, um Speichelbildung zu verhindern, und behielten die geweihte Hostie im Mund. Später benutzten sie sie zur Profanierung bei einer Schwarzen Messe. Die Profanierung wurde vollzogen, indem die Hostie mit Urin oder Exkrementen vermischt oder mit Pinzetten zerrissen wurde. Der Grund für diese letztere Praxis besteht darin, daß die Hostie, wenn sie wirklich der Körper Christi ist, zum Erdulden von Schmerzen genötigt werden kann.

Der erste Schritt zu einem Heilungszauber, um eine kranke Hexe zu heilen. Ein Mitglied eines modernen Hexenbundes reicht dem Gehörnten Gott, der Quelle der Heilkraft, eine Puppe, die den kranken Mann darstellt.

Als nächstes wird die »kranke« Puppe in eine Schale auf dem Altar gelegt, an dem die Mitglieder des Bundes ihren uralten Gott verehren.

Hexerei spielt in vielen Ländern noch eine entscheidende Rolle. Dieser Medizinmann opfert ein Huhn, um einen Geist zu versöhnen, der den Bauern, der ihn konsultiert hat, quält.

Unten: Eine Feuertänzerin von Haiti. Im Vodoo, dem traditionellen Hexereikult von Haiti, schwingen finstere Anklänge an die Schwarze Magie mit.

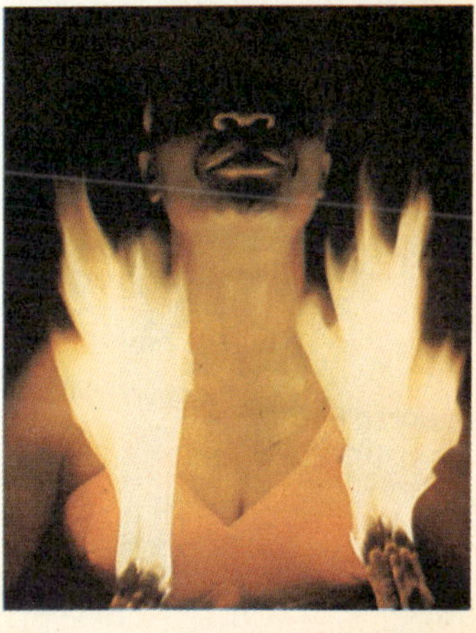

In Spanien folgte das *Autodafé* oder »Akt des Glaubens« auf jeden Ketzerprozeß der Inquisition.

Die in der ersten Hälfte des 20. Jahrhunderts zelebrierten Schwarzen Messen waren wahrscheinlich etwa so, wie der amerikanische Schriftsteller W. B. Seabrook sie beschrieben hat. Er beobachtete Zeremonien in New York, Paris, Lyon und London, und in seiner Darstellung ist das Grundmuster klar. Das Ritual erforderte einen seines Amtes enthobenen oder abtrünnigen Priester, eine geweihte Hostie, einen Prostituierten und eine Jungfrau. Die Jungfrau wurde nackt auf dem Altar ausgestreckt, und ein umgekehrtes Kruzifix wurde über sie gehängt. Teile der Messe wurden rückwärts gesprochen und in ihnen wurde für »Gut« »Böse« gesetzt und für »Gott« »Satan«. Der Prostituierte diente als Ministrant, der dem Priester half. Ein Kelch Wein wurde zwischen die Brüste oder Schenkel der Jungfrau gestellt, und etwas Wein wurde über sie verschüttet. Die Hostie wurde gesenkt, nicht erhoben und dann entweiht.

In Versionen aus anderen Quellen kommen Varianten vor. Manchmal wird die Messe in einer zerstörten Kirche, manchmal in einem Keller oder einem gewöhnlichen Raum abgehalten. Die Jungfrau ist ein Standardmerkmal, aber wie in der in Marquis de Sades *Justine* beschriebenen Schwarzen Messe bleibt sie selten unberührt. Zahlreiche Parodien des heiligen Wassers werden verwandt, und zahlreiche ekelhafte Mischungen ersetzten in Seabrooks Bericht den Wein. Der Zelebrant kann in einen schwarzen Chorrock ohne eingewebtes Kreuz gekleidet sein. Das Kreuzeszeichen wird gemacht, jedoch mit der linken Hand oder auf dem Boden mit dem linken Fuß. Die Variationen innerhalb der Zeremonie sind unendlich und hängen davon ab, wie weit die Teilnehmer zu gehen bereit sind, von der Extremität ihres Hasses auf das Christentum und der Intensität ihrer erotischen Phantasien.

Als sich das Interesse in den sechziger Jahren erneut dem Okkulten zuwandte, begannen Satanismus und Schwarze Messen zu gedeihen wie nie zuvor. In Westeuropa und insbesondere in den Vereinigten Staaten sind Satanistengruppen inzwischen fest eingebürgert. Anton La Veys Kirche Satans, die 1966 in San Francisco gegründet wurde, ist die bekannteste von ihnen. Sie macht Mitglieder in Europa und Australien sowie viele Tausende in den Vereinigten Staaten geltend. La Veys Buch *The Satanic Bible* wurde auf vielen Collegecampi ein Bestseller.

La Vey versucht, wie Satan auszusehen, aber die Mehrheit seiner Anhänger ist von ihren anderen Gesellschaftsmitgliedern nicht zu unterscheiden. Zum Beispiel sind zwei bedeutende Mitglieder der Kirche Satans in Louisville, Kentucky, ein junges Ehepaar, er im Rang eines »Bischofs«, sie einer »Priesterin«. Sie haben zwei Kinder, einen Jungen und ein Mädchen. Beide haben den Grad eines Bachelor of Arts, er in politischer Wissenschaft, sie in Krankenpflege. »Mein Mann und ich sehen aus wie Mr. und Mrs. Amerika,« sagt sie. In dem Haus im Ranchstil dieser Mr. und Mrs. Amerika wurde der Keller zum Ritualraum, in dem sich die Louisville-»Grotte« (Gemeinde) von Satanisten versammelt, um die Macht des Teufels anzurufen.

Sie zelebrieren eine Satansmesse, während der eine nackte Frau auf dem

Altar liegt, um Mutter Erde zu repräsentieren. Zu den Ritualgegenständen gehören Kerzen, Weihrauch, eine Glocke, ein Kelch, ein Schwert, das die Macht symbolisiert, und ein Phallussymbol, das »Zeugung, Männlichkeit und Aggression darstellt«. Dem Bischof zufolge »zweifelt keiner, der ein Satanist ist, an seiner Männlichkeit«. Seine Frau fügt hinzu, daß sie die früheren Exzesse von Blasphemie und Sexualbetätigung abgemildert haben. Die Blasphemie beschränkt sich auf das Herumtrampeln auf einer Oblate aus Sesamsamen, welche die Hostie symbolisiert. »Die Messe war früher sehr schmutzig, sehr unzüchtig,« sagt sie. »Jetzt ist sie nur eine Weise, auf die man Hemmungen lösen kann.«

Ein neueingetragenes Mitglied trägt ein rotes Baphomet, ein mit Satan verbundenes Symbol, eine fünfzackige sternförmige Figur, die auf eine rote Scheibe gemalt ist und an einer Kette um den Hals getragen wird. Neunzig Prozent der Kirchenmitglieder gehören zu diesem ersten Grad. Wenn ein Mitglied Geschicklichkeit im Satanismus an den Tag legt, kann er oder sie eine Prüfung ablegen und in den zweiten Grad, Hexer für Männer, Hexe für Frauen, erhoben werden. Der dritte Grad ist die Priesterschaft von Mendes, genannt nach einer Stadt im alten Ägypten, in der ein heiliger Widder oder, wie manche sagen, ein Ziegenbock verehrt wurde. Im vierten Grad kann ein Mitglied entweder *Magister caverni, Magister templi* oder *Magister magis* werden – Ränge, die grobgesehen denen eines Bischofs, Erzbischofs und Kardinals entsprechen. Der fünfte Grad wurde nur von La Vey erreicht und ist der eines *Magister satanis* oder satanischen Meisters.

Die wesentlichen Überzeugungen des modernen Satanismus lassen sich schwer darlegen. Eines der Ziele der Kirche Satans besteht darin, Satan wieder zur anbetungswürdigen Gottheit zu erheben; doch die Gründe der Zuwendung zu ihm statt von ihm fort, sind kaum überzeugend. Der *Satanic Bible* zufolge

»Repräsentiert Satan Freundlichkeit zu jenen, die sie verdienen, anstatt an Undankbare verschwendete Liebe!«

»Repräsentiert Satan Rache, statt die andere Wange hinzuhalten!«

»Repräsentiert Satan tatkräftige Existenz, statt spirituelle Wunschträume!«

»Repräsentiert Satan alle sogenannten Sünden, da sie alle zu physischer, geistiger oder emotionaler Befriedigung führen!«

Verständlicherweise wurden solche Theorien »das Echo des Nazismus« genannt und mit Foltermorden wie denen von Manson in Verbindung gebracht.

Es ist noch zu früh zu sagen, ob das Wiederaufleben des Satanismus etwas Dauerhaftes ist oder nur ein weiterer flüchtiger Kult. Im Gegensatz zu ähnlichen Erscheinungsformen in der Vergangenheit hat La Veys Version eine festverankerte Hierarchie und ein festgelegtes Ritual, obwohl dies wahrscheinlich von Ort zu Ort ein wenig variiert, um den Neigungen einzelner Grotten entgegenzukommen. Satanismus ist unausweichlich ein Reaktionskult, der seinen Impetus aus seiner Verachtung des Christentums bezieht, genau wie der Charakter Satans sich als Antithese zu Gott entwickelt hat. Das Leben solcher Reaktionskulte, seien sie nun religiös oder politisch, ist gewöhnlich kurz, wenn sie nicht mehr als den Oppositionsgeist anbieten. Was der Satanismus anscheinend befriedigt, ist der Wunsch, an einem enthusiastischen und erotischen Ritual teilzunehmen. Überdies liefert er spirituelle Billigung materieller Freuden, wie es das Christentum nicht tut. Es bleibt abzuwarten, ob sich diese Befriedigungen als zureichend erweisen.

Es ist erwähnenswert, daß moderne Satanisten genau das ausführen, dessen die mittelalterlichen Hexen nur angeklagt waren. Sie werden kaum so weit gehen, daß sie Kinder töten, aber sie verehren den Teufel, schließen Sexualbetätigung in ihre Zeremonien ein, haben Rituale, um Flüche über ihre Feinde auszusprechen und sind international organisiert. Sie kommen daher der Vorstellung der Inquisitoren von einer Hexe sehr viel näher als irgend jemand von den Zehntausenden, die tatsächlich von der Inquisition verbrannt wurden.

WEISSE HEXEN

In einem Kellerraum in London führte ein Hexer ein Mädchen von 20 Jahren in den dortigen Bund ein. Als die Zeremonie begann, trug sie ein loses Gewand. Das ist nun fortgenommen worden, und das Mädchen steht nackt in einem neun Fuß großen, auf den Boden gezeichneten Kreidekreis. Zuvor hat das Mädchen in der Zeremonie Treue und Verschwiegenheit geschworen und wurde durch Schläge mit einer Peitsche rituell gereinigt. Nun ist die Luft durchdrungen vom Geruch brennenden Weihrauchs. Der Hexer, der die Initiation leitet, ist nackt. Ebenso die anderen Hexen und Hexer, die aufmerksam außerhalb des Kreises warten. Sie sind um ihn herumgetanzt, um Kraft zu erwecken, und richten nun die Kraft auf das Mädchen, das ziemlich nervös in dem Kreis steht. Der einführende Hexer küßt ihr die Füße und sagt:

»Gesegnet seien deine Füße, die dich hierher geführt haben.«

Er küßt ihre Knie:

»Gesegnet seien deine Knie, die am heiligen Altar knien werden.«

Er küßt ihren Bauch:

»Gesegnet sei dein Leib, ohne den wir nicht sein würden.«

Er küßt ihre Brüste:

»Gesegnet seien deine Brüste, die in Schönheit geformt sind.«

Er küßt ihren Mund:

»Gesegnet seien deine Lippen, welche die heiligen Namen aussprechen werden.«

Als nächstes wird das Mädchen mit Öl und Wein gewaschen und mit den acht »Waffen« der Hexerei vertraut gemacht werden. Sie sind das Messer mit dem schwarzen Griff, das als *Anathema* bekannt ist, das Messer mit dem weißen Griff, das Weihrauchgefäß, das Schwert, der Kessel, die Peitsche, die Rute und das Seil.

Nachdem sie im Kreis herumgeführt und den anderen Mitgliedern des Hexenbundes vorgestellt wurde, ist sie dazu berechtigt, an der Schlußzeremonie, dem rituellen Mahl aus Kuchen und Wein, das innerhalb des Kreises verzehrt wird, teilzunehmen. Nun ist sie eine Hexe geworden.

Abgesehen von geringfügigen Variationen zwischen verschiedenen Bünden ist dies die Prozedur, die in der ganzen westlichen Welt bei der Initiation einer weißen Hexe befolgt wird.

Streng genommen ist eine weiße Hexe ein Widerspruch. Wenn wir uns an unsere Definition einer Hexe als eine, die Satan verehrt und in seinem Dienste Böses tut, halten, heißt von einer Hexe zu sprechen, die weiße – oder gute – Magie betreibt, dasselbe, als spräche man von einer freundlichen Klapperschlage. Doch da moderne Praktikanten der Hexerei sich Hexen nennen, ist es das Wort, das wir gebrauchen müssen, und zwar eingedenk dessen, daß seine erweiterte Bedeutung beides, Gut und Böse, umfaßt. Heutige Satanisten sind auch als Hexen bekannt, nämlich als »schwarze« Hexen, und die Tatsache, daß sie ihre eigene Definition des Bösen haben, trägt nur zur Konfusion bei. Die bei weitem hilfreichste Unterscheidung zwischen den beiden Arten moderner Hexen findet sich im Gegenstand ihrer Verehrung. Die schwarze Hexe oder der Satanist verehrt Satan, den Gegner des christlichen Gottes. Die Gottheiten der weißen Hexe auf der anderen Seite sind vorchristlich, da weiße Hexen für sich beanspruchen, sie seien die Erben einer heidnischen Tradition, die fast jeder bekannten Religion vorausgeht.

Moderne weiße Hexen verehren die Große Mutter, die Erdmutter. Sie ist das Symbol der Fruchtbarkeit, und die älteste und elementarste der frühen Götter. In den meisten Fällen verehren die weißen Hexen ebenfalls den Gehörnten Gott, jene männliche Gottheit, über die Margaret Murray schrieb: Dianus oder Janus, der Gott der Jagd. Er ist das Ursymbol der Macht, jedoch nicht der bösen – er steht dem griechischen Gott Pan weitaus näher als Satan.

In den vorchristlichen Zeiten wurde in der ganzen Welt der Kult der Großen Mutter gegründet, und ihre Namen waren ebenso zahlreich wie die Aspekte, unter denen sie verehrt wurde. Vermutlich finden sich in der Behausung einer jeden weißen Hexe Statuetten, Bilder und andere Darstellungen vieler dieser Aspekte der Göttin: Rhea, die nacktbrüstige Schlangengöttin von Kreta; Isis aus Ägypten mit ihrem gehörnten Kopfschmuck; die babylonische Ischtar, »die Göttin des Morgens und Göttin des Abends«; die phrygische Cybele; Astarte, die Göttin, die von den Phöniziern und Kanaaniten verehrt wurde; Diana, die alte italienische Mondgöttin; Hekate, die Göttin der Erde und der Unterwelt; und die irische Göttin Brigit, die im Christentum unter dem Namen der Heiligen Brigid fortlebt. Weiße Hexerei ist in der Lage, sich auf all diese Göttinnen zu berufen, da sie jede als einen Aspekt derselben Wahrheit betrachtet.

Das Auftauchen der Hexerei in der Moderne läßt sich nicht genau datieren. Viele Gelehrte meinen, daß das Wiederaufleben etwa 1921 mit der Veröffentlichung von Margaret Murrays einflußreichem Buch *The Witch-Cult in Western Europe* begann, das Hexerei als die Überlebensform früher Religionen kennzeichnete. Aber erst in den früheren fünfziger Jahren setzte die Wiederbelebung wirklich ein. Und zwar als Gerald Gardner seine Version der Ansichten Margaret Murrays zusammen mit seinem eigenen Bericht über Hexereirituale veröffentlichte. Gardner behauptete, er sei im Jahre 1946 in einen Hexenbund in Englands New Forest eingeführt worden.

Obwohl viele der Behauptungen Gerald Gardners zu seiner Einführung in die Hexerei in Zweifel gezogen werden, gibt es unabhängige Beweise dafür, daß es in jenem Teil Englands, einem Gebiet, das reich ist an Folklore und Legende, tatsächlich einen Hexenbund gegeben hat. Der britische Schriftsteller und Okkultist Louis Umfraville Wilkinson behauptet, Mitglieder eines

Hexenbundes gekannt zu haben, die in den späten Dreißigern im New Forest tätig waren. Er beschrieb die Gruppe als ein »Amalgam aus Mittelschichtintellektuellen und der einheimischen Bauernschaft« und die Zeremonien als eine Mischung aus Volkstradition und einem verfeinerteren Okkultismus.

Weiteres Beweismaterial kommt von Sybil Leek, heute eine der berühmtesten Hexen der Vereinigten Staaten. In ihrem Buch, *Diary of a Witch,* sagt sie aus, daß sie einmal die Hohe Priesterin eines modernen Hexenbundes im Gebiet des New Forest war.

Die Geschichte der von Gardner, Wilkinson und Leek genannten Hexenbünde bleibt umstritten, aber das Tatsachenmaterial legt nahe, daß der New Forest wahrscheinlich die Wiege des Wiederauflebens der weißen Hexerei war. Ein vom Amerikaner Charles G. Leland geschriebenes Buch hat möglicherweise die Rituale der Hexen von New Forest beeinflußt. Leland studierte Folklore und interessierte sich für Zauberei und das Wiederaufleben heidnischer Mythologie. Während eines Aufenthaltes in Florenz in den Jahren 1880 lernte er eine italienische Hexe namens Maddalena kennen. Sie erzählte ihm, daß in Italien die Religion der Hexen als *la vecchia religione,* »die alte Religion«, bekannt war. Diese Religion rührte angeblich von Diana, der Mondgöttin her. Der italienischen Tradition zufolge verliebte sich Diana in ihren Bruder Luzifer und gebar als Ergebnis ihrer Verbindung eine Tochter namens Aradia. Diana erfaßte Mitleid mit den Armen und Unterdrückten der Erde – besonders den Zigeunern –, und sie sandte Aradia, um ihnen zu helfen und sie die Künste der Hexerei zu lehren. Tatsächlich wurde Aradia ein Heiland – und eine Alternative zu ihrem christlichen Rivalen.

Das genaue Alter dieser Tadition ist nicht bekannt, aber mit Ausnahme der Alpentäler des Nordens hat sich in Italien zweifellos die Hexerei in einer ganz eigenständigen Weise entwickelt – möglicherweise weil sich die gesellschaftliche Nützlichkeit der italienischen Hexe oder *strega* zu einem frühen Zeitpunkt einbürgerte. Wie der Schweizer Historiker Jakob Burckhardt bemerkte, »war es Sache der *strega,* für das Vergnügen anderer zu sorgen«. Leute aller Klassen suchten ihre Hilfe, um dem Verlauf einer Liebesaffäre zu steuern, für eine Abtreibung zu sorgen oder einen unerwünschten Liebhaber loszuwerden. Besonders in solchen städtischen Gegenden wie Rom und Neapel ging die Welt der *strega* in die Welt der Prostituierten über.

Im Jahre 1899 veröffentlichte Leland sein Buch *Aradia, or the Gospel of the Witches.* Es enthält langwierige Rituale und detaillierte Berichte über eine Vielfalt von Hexereizeremonien, insistiert jedoch darauf, daß Maddalena zufolge das Hauptanliegen der »alten Religion« rituelle Magie sei. Die Mitgliedschaft stand Männern und Frauen offen, und gewisse Rituale erforderten Nacktheit und Geschlechtsverkehr zwischen den Hexen.

Die meisten zeitgenössischen Hexen führen ihre Zeremonien nackt oder »himmelbekleidet«, wie sie es nennen, durch. Leland zufolge war dies ein Zeichen dafür, daß alle gleich und frei waren. Moderne Hexen fügen hinzu, daß das Tragen von Kleidern ihre Bemühungen behindere, ihre Kraft freizusetzen und zu lenken. Sie glauben, daß diese Kraft in ihren eigenen Körpern liege und behindert und zerstreut würde, wenn Kleider getragen werden. Stellt man sich die Kraft als einen der Elektrizität verwandten Strom psychischer Kraft vor, so »erdet« die Kleidung den Strom in gewisser Weise. Weiße Hexen glauben, daß die religiöse Ekstase, die ihre Rituale hervorrufen kann, sie befähigt, ihre Kraft zu fördern, und daß sie durch ihr Zusammenwirken diese Kraft stärken und lenken können, um ihre wohltätigen Ziele zu erreichen.

Weiße Hexen sind traditionell in Bünden von 13 organisiert, obwohl die Zahl in der Praxis zwischen drei und fünf bis vielleicht zu fünfundzwanzig variieren kann, die sich aus einem Führer und einer gleichen Anzahl an Männern und Frauen zusammensetzt. In manchen Bünden ist die Priesterin die dominierende Gestalt, wie man es von einem Kult der Großen Mutter erwarten würde. Andere haben einen männlichen Leiter, der als Magister bekannt ist. In ihrem Buch *Witchcraft, the Sixth Sense* erklärt die britische Schriftstellerin die offenkundige Anomalie eines männlichen Leiters als »einen Symbolismus der esoterischen Wahrheit, daß die äußere Welt eine Welt der Illusion, eine Spiegelreflexion ist. Ein Spiegel reflektiert immer Gegenteile; was auf dem Äußerlichen gesehen wird, muß das Gegenteil der inneren Wirklichkeit sein«.

Dieses Zitat dient als Erinnerung daran, daß die Rituale der Hexerei den Zelebrierenden zu einem erweiterten Stadium des Verstehens und der Einheit mit den Geheimnissen der Existenz bringen sollen. Ihre Praktikanten betonen die Tatsache, daß sich das englische Wort Hexerei – witchcraft – vom angelsächsischen *wiccecraeft,* Fertigkeit des Weisen, ableitet. In ihrer Suche nach Weisheit verschmilzt die Hexerei mit magischen Praktiken.

Tatsächlich ist es unmöglich, die Abgrenzung zwischen heutiger Hexerei und Magie zu ziehen. Beide können als Tätigkeiten von intensiv telepathischem Charakter betrachtet werden, die angewandt werden, um in irgendeiner Weise unsichtbare Kräfte zu beeinflussen. Der Unterschied zwischen Zauberformeln auf der einen Seite und sorgfältig entwickelten Zeremonien ritueller Magie auf der anderen Seite ist nur ein gradweiser kein grundsätzlicher.

Eine Hexe, die die erste Stufe der Initiation erreicht, hat die Möglichkeit und gewöhnlich den Wunsch, auf einen höheren Grad hinzuarbeiten. Hier ist eine Version des Großen Schwurs, den eine Hexe bei der Initiation in den zweiten Grad ablegen muß: »Ich schwöre bei meiner Mutter Leib und meiner Ehre unter Menschen und meinen Brüdern und Schwestern der Kunst, daß ich niemals irgendeinem gegenüber irgendeins der Geheimnisse der Kunst enthüllen werde, außer einer würdigen Person, die richtig vorbereitet ist, im Zentrum eines Kreises, wie der, in dem ich nun bin. Dies schwöre ich bei meinen Hoffnungen auf Heil, meinem vergangenen Leben und meiner Hoffnung auf die einst kommende Zukunft, und ich weihe mich der völligen Vernichtung, wenn ich meinen feierlichen Schwur breche.«

Es gibt einen dritten Grad, und die Initiation dazu kann einen Sexualritus enthalten. Einige Hexenbünde sagen, daß sie diesen Grad als unnötig betrachten und ihn nicht verwenden. Bei denjenigen, die es tun, darf Justine Glass zufolge der Ritus »nur von zwei Leuten, die einander lieben, durchgeführt werden«. Der Mißbrauch des Ritus wird »als Sünde [gewertet], die die Todesstrafe in dieser Welt und Vergessen in der nächsten mit sich bringt«. Andere Berichte erwecken jedoch den Eindruck, daß das Wort »Liebe« sehr frei interpretiert wird. In dem berauschenden tranceartigen Zustand, der sich bei einigen Zeremonien – besonders während der Initiationsriten – entwikkeln kann, ist es leicht verständlich, daß Teilnehmer sich von einer allgemeinen Liebe zu allen Anwesenden verklärt fühlen können.

Hexenbünde versammeln sich am Abend des Sonnabend, um den Sabbat zu feiern. Zusätzlich zu diesen wöchentlichen Zusammenkünften, treffen sich die meisten Bünde zu acht weiteren Sabbaten im Laufe des Jahres. Die vier unbedeutenderen Sabbate werden an den Tagen abgehalten, welche die vier Jahreszeitenwechsel kennzeichnen, die Frühlings- und Herbstäquinoktien und die Sommer- und Wintersonnenwende. Die anderen vier sind die großen Sabbate: der Abend von Allerheiligen (Halloween, 31. Oktober), Lichtmeß (2. Februar), Walpurgisnacht (30. April) und Petri Kettenfeier (Lammas, 1. August). Offensichtlich christliche Festtage, sind sie doch alle heidnischen Ursprungs.

Der Tag vor Allerheiligen (Halloween) war der letzte Tag des keltischen Jahres und ein altes Totenfest. Lichtmeß verdankt seinen Namen dem römisch-katholischen Brauch, an jenem Tag alle Kerzen zu segnen, die im kommenden Jahr gebraucht werden. Der Tag feiert die Reinigung der Jungfrau Maria 40 Tage nach Christi Geburt, doch verbirgt dieser christliche Feiertag die Bedeutung des *vorangehenden* Tages, nun das Fest der Heiligen Brigid, einst aber das der Brigit, der Muttergöttin der Iren. Die Walpurgisnacht ist so benannt, weil sie der Vorabend des Feiertages der Heiligen Walpurga ist, doch ihr Feiertag, der 1. Mai, war ebenfalls ein großer Feiertag der Kelten, die ihn Beltane nannten. Der letzte der vier ist Lammas (Petri Kettenfeier), ursprünglich Loaf-mass, der Tag, an dem in angelsächsischen Zeiten die ersten Früchte der Ernte angeboten wurden. Er wird ebenfalls mit dem legendären Waliser Helden Llew LLaw Gyffes (Löwe mit der Ruhigen Hand) in Verbindung gebracht, der in Teilen von Wales bis zum 19. Jahrhundert verehrt worden sein soll. Sein Tod wurde am ersten Sonntag im August durch ein Fest gefeiert, das sich Lugh-mass nannte.

Unter idealen Bedingungen trifft sich ein Hexenbund im Freien, aber beide, das Wetter und das Gesetz könnten dagegen sein. Daher versammeln sich die Bünde im allgemeinen im Hause, gewöhnlich im Hause der Priesterin oder des Magisters. In den Vereinigten Staaten wird das Versammlungshaus manchmal »covenstaed« (Bundstelle) genannt.

Einige Tage vor Lichtmeß wurde eine englische Hexe gefragt, ob sie im Freien feiern würde. Sie antwortete, daß sie sicherlich nicht beabsichtige, an einem kalten Februarabend in der Dunkelheit und wahrscheinlich im Regen herumzuhüpfen. Sie betrachtete es als kaum glaubwürdig, daß Hexen sich je im Winter für Betätigungen im Freien interessierten – obwohl es, wenn sie es taten, so fügte sie hinzu, die volkstümliche Vorstellung von der Hexe als einer gebeugten alten Vettel erklären würde, »von Arthritis verkrüppelt und von Rheumatismus geplagt«!

Louis Wilkinson zufolge benutzte der Hexenbund vom New Forest in England eine Salbe, um die nackten Körper bei den Versammlungen im Freien vor der Kälte zu schützen. Sie bestand weitgehend aus Bärenfett und war dem starken Fett ähnlich, das von Langstreckenschwimmern verwandt wird. Wenn etwas derartiges von Anhängern eines ähnlichen Kultes im Mittelalter verwandt wurde, so kann dadurch die Vorstellung von der »Teufelssalbe«, der magischen Ölung entstanden sein, die, wie man glaubt, den Hexen die Fähigkeit zum Fliegen verlieh.

Eine Anzahl von Schriftstellern über mittelalterliche Hexerei haben bemerkt, daß diese »Flugsalbe« manchmal Drogen wie Eisenhut, Belladonna und Opium enthielt, und sie haben vielleicht die Hexen dazu geführt, zu phantasieren oder zu träumen, sie würden fliegen. Es ist nicht bekannt, ob die Hexen vom New Forest Halluzinogene in das Bärenfett für ihre Ölung mischten, aber es wird über sie berichtet, daß sie kleine Dosen Fliegenblätterpilz schluckten, der ein starkes Halluzinogen enthält. Der Fliegenblätterpilz ist der verbreitete rote Giftpilz mit weißen Flecken, *Amanita muscaria,* der von Kinderzimmerbildern her bekannt ist, Wikinger-Krieger pflegten ihn zu essen, um zu Berserkern zu werden, wenn sie einen Angriff machten, und Schamanen und Stammesangehörige in Sibirien benutzten ihn, um einen Trancezustand zu erreichen. Der Fliegenblätterpilz ist giftig, und obwohl er sich in einer kleinen Dosis bei einer gesunden Person nicht als tödlich erweisen mag, ist es äußerst unklug, ihn zu verzehren, weil es beträchtliche Schwankungen der enthaltenen Giftmenge geben kann.

Wenn sich die Mitglieder eines Hexenbundes versammelt haben, wird ein Kreide- oder Kohlekreis von neun Fuß Durchmesser auf den Boden gezeichnet und dann mit dem Anathema symbolisch nachgezeichnet. Gerald Gardner zufolge zeichnet der böse Magier einen Kreis, um sich selbst vor den Geistern, die er während seiner Arbeit heraufbeschwört, zu schützen, doch ziehen die weißen Hexen ihren Kreis, um ihre eigene Kraft zu fokussieren – nicht um Geistern den Zutritt zu verwehren, sondern um die Magie darin festzuhalten.

Innerhalb des Kreises steht ein mit weißem Tuch bedeckter Altar. Darauf stehen ein Gefäß zum Verbrennen von Weihrauch, Wasser- und Salzbehälter, *The Book of the Schadows* – die Litanei der Riten – und die Waffen oder Handwerkszeuge der Hexerei. Die Handwerkszeuge können von einem Bund zum anderen unterschiedlich sein, zu ihnen gehören jedoch gewöhnlich das Anathema, der große Kessel, die Peitsche und ein kupferner Drudenfuß, der die vier Elemente, Luft, Wasser, Feuer und Erde versinnbildlicht. Sie haben ihre Äquivalente im Tarock, in dem eine Tasse den Platz des Kessels einnimmt. Es ist die Vermutung aufgekommen, daß die Hexen aufhörten, eine Tasse zu benutzen, damit sie nicht mit dem Kelch der katholischen Messe verwechselt würde und damit zur Bezichtigung der Blasphemie Anlaß gab.

Die Sabbatrituale sind natürlich geheim, aber die Zeremonie besteht aus vier Teilen, auf die ein rituelles Mahl folgt. Zunächst kommt die Segnung des Bundes; dann der rituelle Tanz; dann die Initiation eines neuen Mitglieds sofern vorhanden; schließlich die Anrufungen und Bitten an die Göttin. Dies ist die Antwort auf die häufig gestellte Frage, »Was ist der Zweck des Hexeseins?« Als Gegenleistung für die Verehrung der Göttin erhoffen sich die Teilnehmer übernatürliche Hilfe. Weil sie weiße Hexen sind, bestehen ihre Bitten meist aus Heilung von Krankheiten oder Hilfe in Schwierigkeiten, die für Leute außerhalb des Bundes, welche Freunde eines der Mitglieder sind, geäußert werden. Die meisten Hexen werden von Hautkrankheiten und inneren Beschwerden reden, die geheilt wurden, nachdem sich der ganze Bund seine Kraft auf den Abwesenden und seine Schwierigkeiten gerichtet hat. Mutmaßlich spielt Suggestion, wie bei den meisten Heilungen, bei diesen Kuren eine Rolle. Weiße Hexen geben zu, daß sie unter gewissen Umständen ihre Kraft lenken, um Schaden zu verursachen – »aber im allgemeinen nur, um jemandem zu schaden, der anderen schadet«. Sie weigern sich, sich über diesen Punkt ausfragen zu lassen, und geben nur zu Protokoll, daß der Schaden sich wahrscheinlich nur auf einen Bruch und auf Unstimmigkeit im Leben des Opfers erstreckt.

Schaden oder *maleficia* zu verursachen, ist eine der Taten, die der mittelalterlichen Hexe vorgeworfen wurden. Weiße Hexen setzen jedoch das gelegentliche Vorkommen dessen in den Zusammenhang des größeren Guten. Sie stehen daher in Einklang mit den allein arbeitenden Zauberinnen, die immer noch in einigen Landgegenden Europas praktizieren. Ein im *Parisien Libéré* wiedergegebenes Beispiel stellte eine 72 Jahre alte Frau, Marie Moreau, dar. Sie war angeklagt, sich der Hexerei zu bedienen, um Zwietracht in einer Familie ihres kleinen Dorfes zu säen. Sie stellte die Anklage in Abrede und versicherte, sie habe niemals eine böse Tat verübt. Ihre Arbeit, die, wie berichtet wurde, sehr gefragt war, richtete sich nur auf gute Taten wie die Heilung kranker Tiere und Menschen, die Beseitigung von Zaubern von Feldern, Ställen und Häusern und so fort. Sie benutzte Salz, um ihre Magie auszuüben – gewöhnliches Salz, dem sie durch Beschwörungen Kräfte einflößte. Obwohl die meisten ihrer Kunden sie als echte Hexe betrachteten, sprachen sie immer von ihr – vielleicht aus Furchtsamkeit – als der »guten Dame von Château-Ponsac«.

In vielen Teilen Europas und der Vereinigten Staaten wird weiße Magie immer noch als der sicherste Schutz vor Unglück angesehen. Eine Vielzahl von Gesten, Amuletten und Zaubern wird traditionell gebraucht, um Schaden abzuwenden. Zu den weit verbreiteten Gegenständen gehören Pferdegeschirr, Hufeisen und »Hexenkugeln« (grüne Glaskugeln). In England wurden Steine mit Löchern, wie man sie in Kalkablagerungen findet, als Amulette

Eine junge Hexe wird mit Flugsalbe eingerieben. Die modernen Hexen vom New Forest benutzten offenbar eine sehr fette Creme, um ihre nackten Körper vor der Kälte zu schützen. Wenn solch eine Salbe im Mittelalter verwandt wurde, mag sie zur Entstehung einer Legende von einer Salbe verholfen haben, welche die Hexen zum Fliegen befähigte.

getragen. Heutzutage sind sie unter den Hexen selbst sehr beliebt, die sie zu Halsbändern zusammenknüpfen. Besonders in Deutschland und in der Schweiz glauben eine beträchtliche Anzahl von Landleuten weiterhin an übernatürliche Heilungen, insbesondere bei geringeren Unpäßlichkeiten. Ein deutscher Bericht, der in den frühen Siebzigern veröffentlicht wurde, schätzt, daß es in den Dorfgemeinden des ländlichen Deutschland etwa 10 000 praktizierende Zauberinnen gibt. Ihre uralten Medizinen umfassen sieben Käfer und sechs Lorbeeren zur Heilung von Rheumatismus, einen Mäusezahn, den einer, der an Zahnschmerzen leidet, um den Hals tragen muß, und ein Stück in Katzenblut getauchtes Schwarzbrot, um Fieber zu senken.

Eine weitere den mittelalterlichen Hexen und ihren heidnischen Vorgängern zugeschriebene Kraft war die Fähigkeit, über das Wetter zu herrschen, und moderne weiße Hexen nehmen ebenfalls dieses Vermögen für sich in Anspruch. Die Hexe Hazel, eine junge amerikanische Hexe, die in der Nähe von New York lebt, wurde gefragt, wie sie durch Willensanstrengung Regen macht. »Also, erstens«, erklärt sie, »richtet sich die Konzentration auf Wasser selbst – oder Regen und Wind. Ich muß mich in einen Zustand versetzen, in dem ich Regen buchstäblich riechen kann. Haben Sie jemals so stark an etwas gedacht wie in der Erinnerung an den Sommer, daß sie wirklich die Empfindung von Hitze fühlen konnten? Ich muß mich auf Wolken konzentrieren, nicht visuell, sondern in meinem Geiste, und sie zu mir ziehen. Ich stelle sie mir bis zu dem Punkte vor, an dem ich sie kristallklar im Geiste sehen kann. Ich sehe sie. Ich fühle sie kommen. Ich fühle, wie sich der Wind erhebt. Dann füge ich die Empfindung des Regengeruchs hinzu. Es gibt einen bestimmten Geruch des Regenwassers. Ich rieche ihn sehr tief. Es ist eine intensiv starke Empfindung, und ich ziehe sie an mich. Wenn ich es richtig mache, mit einem ausreichenden Betrag an Konzentration, wird er kommen. Ich spüre, wie sich der Wind erhebt. Ich werde sehen, wie Wolken heranziehen, und vielleicht werde ich den Regen riechen, weil es alles über mir sein wird. Es funktioniert.«

Ein schlagendes Beispiel für die den Hexen zugesprochene Macht über das Wetter trat im Jahre 1964 in Äthiopien auf. Mitten in einer Regenzeit fiel kein Wassertropfen in der Hauptstadt Addis Abeba am Tag, als die britische Botschaft den Geburtstag der Königin feierte. Der Botschafter John Russell erzählte dem Londoner *Evening Standard,* daß der schöne Tag einem einheimischen Hexer zu verdanken sei. »Ich zahlte ihm elf Dollar« (damals etwa 3 US-Dollar oder etwas mehr als ein Pfund), sagte er, »um den Regen abzuhalten. Es regnete zwei Wochen vor dem Tag und zwei Wochen nach dem Tag, aber am Tag selbst war das Wetter perfekt. Das Auswärtige Amt hatte die Unverschämtheit, sie zu beanstanden, als ich es unter meinen Ausgaben verbuchte, also schickte ich sie ihnen unter der Rubrik ›Versicherung‹«.

Es herrscht keinerlei Übereinstimmung hinsichtlich der Natur der Kraft, über die moderne Hexen ihrer Überzeugung nach gebieten können. Viele studieren die ägyptischen, chaldäischen und tibetanischen Mysterien, weil man der Überzeugung ist, daß die Priester, die sie praktizierten, das geheime Wesen übernatürlicher Kraft weitgehender verstanden haben. Ein weiteres hoffnungsvolles, jedoch verzweifelt bruchstückhaftes Studiengebiet ist die Weisheit der *Kahunas* von Hawaii.

Huna war die alte Religion Hawaiis und bedeutet Geheimnis. Die *Kahunas* (Priester) waren Wahrer des Geheimnisses, und ihr Wissen scheint ihnen beachtliche Kräfte verliehen zu haben. Allein durch die Gedankenanstrengung konnten Ereignisse in der materiellen Welt herbeiführen wie Heilen, die Materialisierung der Toten und das Fernhalten von Haien. Der Kern von Huna aber war ein tiefgründiges Verstehen des menschlichen Bewußtseins. Die Technik des Priesters zur Lösung innerer Konflikte und zur Erweiterung des Bewußtseins befähigte die Leute dazu, ihr Leben glücklich und frei von Schuldbewußtsein zu verbringen. Unglücklicherweise brachten diese Überzeugungen die Kahunas in Konflikt mit den christlichen Missionaren, die alles taten, was in ihrer Macht lag, um sie zu beseitigen, und sie bis zum Ende des 19. Jahrhunderts im Grunde genommen abgeschafft hatten. Dem amerikanischen Anthropologen William Tufts Brigham ist es gelungen, zu den letzten Kahunas Kontakt aufzunehmen, doch obwohl sie einige ihrer Fertigkeiten wie durch das Feuer Gehen vorführten – und ihn lehrten, über glutrote Lava zu gehen –, wollten sie nicht preisgeben, wie sie wirklich Kontakt zu der Kraft aufnahmen, die, wie sie sagten, die Quelle ihrer Macht war. Max Freedom Long, der Gründer der Huna Research Association, hat einige ihrer Geheimnisse wiederentdeckt, andere jedoch sind jetzt vielleicht auf immer verloren.

Seit dem Wiederaufleben der Hexerei hat sich die Bewegung in zahlreiche Sekten gespalten. Gardnerische Hexerei wurde von einigen Bünden, die seinen masochistischen Hang am Auspeitschen nicht teilen, abgelehnt. Andere betonen das sexuelle Element. Eine davon hat dem britischen Schriftsteller Francis King zufolge »einen außergewöhnlichen ›Todeszauber‹, der miteinschließt, daß der Priester und die Priesterin dem zweifellos sehr unbequemen Vorgang des Geschlechtsverkehrs durch ein durch die Mitte eines angeblich neolithischen Steinrelikts gebohrtes Loch frönen«!

Einige Bünde stellen in Abrede, daß Sexualität je eine bedeutende Rolle in der Hexerei gespielt habe, obwohl dies in Vance Randolphs Forschungen über die Ozark-Hexengesellschaft in Arkansas nicht bestätigt wird. In dieser entlegenen Gebirgslandschaft scheint eine ungebrochene Tradition der Hexerei durch die Generationen hindurch seit der Zeit, als das Gebiet im 18. Jahrhundert besiedelt wurde, geherrscht zu haben. Die Hexen, meist Frauen, unterweisen ihre Töchter in der Fertigkeit, aber es gibt ebenfalls Hexer. Zumindest bis vor kurzem schlossen die Initiationen Sexualverkehr ein, bei dem die Gruppe zusah.

Weiße Hexerei ist noch in einem Stadium, in dem sie allen Männern und Frauen alles anbieten kann. Einige schließen sich einem Bündnis um des Vergnügens willen an. Für andere ist es eine modische Alternative zu Bridge. Wenn jedoch diese Mitläufer abgezogen werden, so bleibt ein immer größerer

Kern von Leuten, die hoffen, in der Hexerei die Befriedigung zu finden, die in einer technologischen Kultur fehlt und die ihnen orthodoxe Religionen nicht bieten konnten.

Das Wiederaufleben der Hexerei in den Vereinigten Staaten erhielt im Jahre 1961 durch die Veröffentlichung von Robert Heinleins Bestseller: *Stranger in a Strange Land* beträchtlichen Auftrieb. In diesem Science-fiction-Klassiker kehrt ein von Marsmenschen großgezogener Irdischer zur Erde zurück. Er ist dort bekümmert, als er entdeckt, daß die Menschheit befangen ist in Groll, Neid, Eifersucht und Haß. Er studiert die gängigen blühenden Religionen, findet sie alle unbefriedigend und gründet seine eigene, wobei er seine Marsbewohnerkräfte der Telepathie, Telekinese und Teleportation benutzt, um eine Gefolgschaft anhänglicher Schüler heranzuziehen.

Er lehrt eine enge liebevolle Beziehung mit dem Universum und allem, was darin ist, eine Beziehung, die durch das Marswort *Grok* ausgedrückt wird, das in etwa bedeutet *fühle, verstehe, liebe und verschmilz,* die alle zu einem zusammengefaßt sind. »Du bist Gott, ich bin Gott, alles, was grokt, ist Gott.« Männer und Frauen werden durch einen Ritus des Wasserteilens »Brüder«, und verheiratete Mitglieder eines »Nestes« lieben andere »Brüder« ohne Eifersucht.

Heinleins Buch versetzte dem Materialismus, der Politik und der etablierten Religion einige satirische Hiebe, und es inspirierte eine Gruppe junger Leute am Westminster College, Missouri, eine »Wasser-Bruderschaft-Verbindung« zu gründen. Sie hofften, sie könne den Kern für eine alternative Gesellschaft bilden. Mit von Heinlein und anderen erborgten Ideen gingen sie weiter und errichteten die Church of all Worlds (Kirche aller Welten) oder CAW, »eine neuheidnische Erdreligion, die dem Feiern des Lebens, der maximalen Aktualisierung menschlicher Leistungsfähigkeit und der Verwirklichung äußerster individueller Freiheit und persönlicher Verantwortung in harmonischer eco-psychischer Verbindung mit der gesamten Biosphäre der Heiligen Mutter Erde« geweiht ist.

Die Neuheiden suchen eine schuldfreie Harmonie innerhalb der Menschheit und eine nichtausbeutende Beziehung der Harmonie zwischen der Menschheit und der Natur. Mit den Worten von Lance Christie, einem der Gründer der CAW und darauf Hoher Priester eines Nestes in Venice, Kalifornien: »Es scheint eine tiefgründige Beziehung zwischen dem Sehen der Natur als Feind und ebenfalls der Bekämpfung seiner selbst zu bestehen. Beide Kämpfe sind äußerst selbstdestruktiv.«

Bis zum Jahre 1974 war das Yellow Pages Directory des *Green Egg,* der Publikation der Church of all the Worlds, in der Lage, 78 neuheidnische, religiöse Organisationen und ihre Zweige aufzuführen. Trotz der Unterschiede ihres Nachdrucks überlappen sich die verschiedenen Sekten in vielerlei Hinsichten, und alle verehren die Göttin unter einem ihrer zahlreichen Aspekte und den Gehörnten Gott. Rituale werden so bearbeitet oder erfunden, daß sie den Neigungen eines besonderen Nests oder Bündnissen entsprechen.

Neuheidnische Hexen sind zwar stark antichristlich, aber keine Satanisten. Sie betrachten die jüdisch-christliche Tradition der Sünde, des Opfers und der Buße als antisexuell und wider das Leben. Neuheiden und verwandte Hexen studieren alle Zweige des Okkulten, da sie glauben, der Weg umfasse viele Wege. Eine in *Green Egg* veröffentlichte Grundbibliographie führt fast 200 wichtige Bücher auf, die in 18 Kategorien wie Okkulte Praktiken, Planetarische Ökologie und Menschheitsgeschichte, die uns nie gelehrt wurden, aufgeteilt sind. Weil ein solches breites Spektrum als maßgeblich für die Überzeugungen der modernen Hexe erachtet wird, ist der gegenwärtige Zustand der Hexerei der einer aktiven Entwicklung. Ein Artikel im *Christian Science Monitor* im November 1974 faßt die Situation folgendermaßen zusammen: »Kulte wie CAW dienen als ein Mittel der Reaktion gegen entmenschlichende und konformistische gesellschaftliche Zwänge.« Wenn jene starken Zwänge nachlassen, wird das dringlich empfundene Bedürfnis nach der Alternative allmählich schwinden. Doch wenn der entmenschlichende Verlauf fortbesteht, scheint die beständige Zunahme weißer Hexerei sicher zu sein.

DAS BEDÜRFNIS NACH HEXEREI

Die Geschichte der Hexerei von uralten Zeiten bis zum 20. Jahrhundert ist lang und kompliziert, verdunkelt von Lügen, Mißverständnissen, Täuschungen und Ignoranz. Einige der Verwirrungen entstehen, weil, wie wir gesehen haben, mehrere verschiedene, wenn auch verwandte Tätigkeiten die Bezeichnung Hexerei tragen. Sie wird locker gebraucht, um einfache Zauberei zu beschreiben. An allen Orten und zu allen Zeiten haben Medizinmänner, Schamanen oder weise Frauen Krankheiten durch das Hersagen von Zaubersprüchen geheilt und haben Amulette und Talismane beschafft, um Unglück abzuwenden und Glück zu bringen. Mit solchen Mitteln haben sie den Mitgliedern ihrer Gemeinschaft geholfen, mit den Wechselfällen des Lebens auf Erden fertig zu werden.

In Teilen Afrikas spielt Hexerei dieser Art immer noch eine bedeutende Rolle im Gemeinschaftsleben. Im Jahre 1971 zeigten die Jahresabrechungen von Gott Mahia, einem der führenden Fußballvereine Kenias, daß der Verein 1 100 £K (etwa 3 500 Dollar) für Hexerei ausgegeben hatte. Das Geld war verwandt worden, um vor Spielen Rat und Voraussagen von Medizinmännern zu bekommen. Die Gebühren schwankten zwischen 10 und 50 Dollar. Vor wichtigen Spielen patrouillierten Wachen im Stadion, um sicherzustellen, daß keiner das Feld mit einem Zauber belegte.

Zwei Jahre später entwickelte sich ein Kampf zwischen zwei anderen Fußballvereinen von Kenia. Das Abaluhya-Team hatte den Verdacht, daß eine Mütze, die von einem Hakati-Anhänger in die Rückseite des Hakati-Tores geworfen worden war, die Abaluhya daran hinderte, Tore zu schießen. Ein Abaluhya-Spieler preschte in das Tor, schnappte sich die Mütze und lief damit zur Seitenlinie. Er wurde vom ganzen Hakati-Team verfolgt. Man fand eine Nadel, eine alte Münze und eine Mischung aus zerstampften Blättern, Wurzeln und Tierhäuten, die in das Mützenband eingenäht waren.

Einfache Zauberei dieser Art zusammen mit Brocken zeitgenössischer Bauernfolklore wurden von den mittelalterlichen Inquisitoren zusammengemixt, um dann die böse, teufelanbetende, menschenfeindliche Hexe zu gestalten. Aus Legenden ihres gemutmaßten Verhaltens entwickelte sich die dritte Art von Hexe, der moderne Satanist. Die zahlreichen zeitgenössischen Zweige weißer Hexerei bilden eine vierte Gruppe.

Das zentrale Charakteristikum, das sich jenseits einfacher Zauberei entwickelte, ist Verehrung – Verehrung des Teufels oder einer teuflischen Gestalt. Einige moderne Hexen behaupten, daß es Gestalten ihres gehörnten Gottes Dianus gewesen sind, die von Christen gesehen und irrtümlich für Satan gehalten wurden. Satan wird natürlich ausdrücklich von den Satanisten

Ein »Fußball«-Medizinmann in Kenya, der einen magischen Knochen hält, spricht mit Mitgliedern seiner Mannschaft nach einer Rauferei am Tor. Hexerei ist in vielen Gesellschaften, selbst wo europäische Kultur jetzt vorherrscht, immer noch ein integraler Bestandteil des Alltagslebens.

verehrt, und Satan wurde, wie man glaubte, von der Hexe des 16. und 17. Jahrhunderts verehrt.

Im Zentrum der Hexerei steht daher die geheimnisvolle Gestalt des Teufels, der unter vielen Namen bekannt ist, hauptsächlich jedoch als Luzifer, Beelzebub oder Satan. Die jüdische Tradition weiß von ihm und ebenso der Islam, der ihn Iblis oder Schaitan nennt. Diese Religionen betrachten ihn als einen großen Dämon und Versucher, bringen ihn jedoch nicht mit Hexen in Verbindung. Noch tut das die griechisch-orthodoxe Kirche. Hexen, genannt Zauberinnen, gab es reichlich in den Ebenen von Thessalien und Nordgriechenland, aber sie wurden nicht als Teufelsdienerinnen betrachtet. Der Teufel blieb in der orthodoxen Kirche eine relativ unbedeutende, sogar komische Gestalt. In der römischen Kirche und ihren Abzweigungen trat er immer unheimlicher vor Augen, bis er nur um ein Bruchteil weniger mächtig war als Gott selbst.

Wie ist das geschehen? Zwei Faktoren trugen dazu bei. Die römische Kirche legte eine starke Betonung auf die Sündigkeit der Menschheit, anders als die griechische Kirche, welche die Nachsicht Gottes betonte. Die römische Kirche entwickelte ebenfalls tiefen Abscheu und Furcht vor Sexualität. Jegliche außereheliche Sexualbetätigung wurde als eine Sünde der Unkeuschheit betrachtet, die ewige Strafe nach sich zieht. Selbst in der Ehe war die Sexualität sündig. Augustinus glaubte, daß Sexualverkehr zwischen Ehemann und Frau genau so schlecht sei, wie Verkehr mit einer Dirne. Seine Auffassung wurde von zahlreichen Amtsgewaltigen nach ihm wiederholt. Tausend Jahre später sollte Luther sagen, »keine eheliche Pflicht geht ohne Sünde ab«.

Den ehelosen Priestern und Mönchen zufolge waren Keuschheit und Jungfräulichkeit die einzigen zuverlässigen Wege zum Himmel. Wenn ein Ehepaar dem Sexualverkehr frönen mußte – »wollüstige Schande«, wie es ein Kirchenvater bezeichnete –, so wurden besondere Beschränkungen auferlegt, wie und wann es ihn zu vollziehen hatte. Er war an Sonntagen, Mittwochen und Freitagen verboten – das heißt, an fast der Hälfte der Tage des Jahres. Er war ebenfalls während der sechs Fastenwochen und der 40 Tage vor Weihnachten verboten. An den Tagen, an denen er gestattet war, konnte er nur in einer Position durchgeführt werden – *venus observa,* bei der die Frau auf dem Rücken lag und der Mann auf ihr. Priester fragten Ehepaare genau über ihr Sexualleben aus und erlegten Strafen auf, wenn sie unerlaubte Positionen benutzt hatten. Der *more canino* oder die »Hundeweise«, zu der gehörte, daß der Mann von hinten eindringt, konnte mit einer Buße von sieben Jahren bestraft werden.

Solche strengen Regeln ließen sich natürlich unmöglich einhalten, und die Leute entwickelten Ängste im Zusammenhang mit ihren sexuellen Wünschen. Sie hatten auch Schuldgefühle, wenn sie sie befriedigten. Frauen wurden häufig dazu gebracht, die Schuld für die Schwierigkeit der Männer, keusch zu bleiben, auf sich zu nehmen. Die Worte des heiligen Hieronymus wurden oft zitiert: »Die Frau ist die Pforte des Teufels, der Weg des Bösen, der Stich des

Skorpions; mit einem Wort, ein gefährliches Ding.« Die Kirchenväter wurden nie müde, darauf hinzuweisen, daß es nicht Adam war, den die Schlange versuchte, sondern Eva. Einem frühen Christenführer zufolge sollte jede Frau »von Scham erfüllt sein bei dem Gedanken, daß sie eine Frau ist«. Das folgende mittelalterliche Sprichwort drückte die allgemeine Verachtung aus, mit der Frauen begegnet wurde: »Eine gute Frau ist nur wie ein Aal, der zwischen fünfhundert Schlangen in einen Sack getan wurde, und wenn ein Mann das Glück haben sollte, diesen einen Aal zwischen allen Schlangen herauszugreifen, so hat er doch höchstens einen nassen Aal am Schwanze.«

Ebenso wie die Kirche die Männer dazu aufforderte, die Sexualität, derer sie sich schämte, auf Frauen zu projizieren, so wurde der Teufel dafür beschuldigt, den Männern sexuelle Gedanken in die Köpfe zu setzen. Priester wurden besonders von ihnen geplagt. Da sie Männer Gottes waren, konnten sie nicht zugeben, daß die Gedanken ihre eigenen waren. »Nicht ich«, sagte Paulus, »sondern Sünde, die in mir haust.« Wenn die Gedanken immer wieder kamen – was sie unvermeidlich taten, da die Sexualität ein natürlicher und mächtiger Trieb ist –, so bewies das bloß, daß der Teufel ein hartnäckiger und mächtiger Gegner ist.

Die Eremitenheiligen, die in die Wüste gingen, um dort zu leben, glaubten, der Weg zum Himmel ginge durch die Kasteiung der Sinne. Sie entzogen ihren Körpern vernünftige Nahrung, Ruhe und natürlich Sexualität. Viele litten als Ergebnis dessen unter Halluzinationen. Nackte Frauen erschienen Antonius und dem Heiligen Hilarius täglich. Der Teufel wurde für all solche erotischen Phantome für verantwortlich gehalten. Die italienische Nonne aus dem 13. Jahrhundert, die Heilige Margarete von Cortona, soll einen Teufel gehabt haben, der ihr in ihrer Zelle umherfolgte, schmutzige Lieder sang und versuchte, sie zum Mitsingen zu bewegen.

Die Identifikation des Teufels mit sexueller Betätigung bedeutete, daß die mittelalterlichen Hexen – die Diener des Teufels – ebenfalls damit identifiziert wurden. Zur Zeit der Hexenprozesse wurde geglaubt, daß jede Hexe bei den Großen Sabbaten die Gunst Satans selbst empfing, und man dachte ebenfalls, die Hexen hätten regelmäßig sexuelle Beziehungen mit geringeren Dämonen.

Da man glaubte, die Dämonen selbst seien geschlechtslos, gab es eine Kontroverse darüber, wie sie es anstellten. Nach der Meinung einiger sammelten sie Samen, die durch Masturbation ausströmten, und von nächtlichen Ergüssen. Andere – einschließlich König Jakob I. von England – der ein Buch über Dämonen schrieb – glaubten, sie gewönnen die notwendige Materie, indem sie die Organe der Toten ausdrückten. Die weitverbreitetste Überzeugung beruhte auf der Vorstellung, daß ein Dämon Gestalt und Geschlecht beliebig wandeln könne. Durch den Wechsel zwischen den beiden Geschlechtern könne er als Inkubus ausstoßen, was er zuvor als Sukkubus empfangen habe. Die Hirne der Dämonologen waren im höchsten Grade erfinderisch.

Während es den Hexenjägern gelang, die breite Öffentlichkeit davon zu überzeugen, daß sexuelle Gefälligkeiten des Teufels schmerzhaft und abstoßend seien, hatten ihre Versuche, Inkubi und Sukkubi gleichermaßen unattraktiv zu machen, geringen Erfolg. Es wurde zu einer allgemeinen Annahme, daß die Verbindung mit einem Dämonenliebhaber, obgleich ein zutiefst sündiger Akt, eine beneidenswert lustvolle Erfahrung sei. In seinem im Jahre 1524 veröffentlichten Buch *La Strega* (die Hexe), behauptete der italienische Autor Gianfrancesco Pico della Mirandola, daß die Kopulation mit einem Inkubus sehr viel genußvoller sei, als mit einem menschlichen Wesen. Er gab dafür die folgenden beiden Gründe an: »Zum ersten wegen der sehr großen Schönheit und der Anmut der Haltung, welche jene bösen Geister annehmen; zum zweiten wegen der außergewöhnlichen Größe ihrer Glieder. Denn mit dem vorigen reizen sie das Auge, und mit dem letzeren verursachen sie in den geheimsten Teilen Wonne . . .«

Der Ausdruck »ausschweifend fleischlich« taucht häufig in Beschreibungen von Dämonenliebhabern auf, manchmal mit dem zusätzlichen Kommentar, daß die Hexen nach ihrem Besuch mehrere Tage lang erschöpft seien. Ein Verweis auf sie ist von einer Kürze, die die Neugier auf die Folter spannt. Im Jahre 1468 wurde in Bologna, Italien, ein Mann zum Tode verurteilt, weil er ein Bordell voller Sukkubi leitete. Hinter jener nackten Tatsache muß eine erstaunliche Geschichte verloren gegangen sein.

Da die Dämonen als Kreaturen einer anderen Spezies betrachtet wurden, galt der Sexualverkehr als ein Akt der Bestialität, ein Verbrechen, das nach der strengsten Bestrafung rief. Die Situation wurde jedoch noch durch den Glauben kompliziert, eine Hexe könne einen Dämon senden, um eine unschuldige Person, gewöhnlich eine Frau, in Versuchung zu führen. Wenn eine Frau ihre Ankläger davon überzeugen konnte, sie habe sich nicht willig hingegeben, konnte sie der Bestrafung entgehen.

Nichtsdestoweniger schien so manche Frau merkwürdig abgeneigt, einen Exorzismus zuzulassen, um sie von ihrem Inkubus zu trennen. Der Grund dafür bestand häufig darin, daß der allgemeine Glaube an Inkubi und Sukkubi einen nützlichen Ausweg aus dem strikten Verbot sexueller Beziehungen außerhalb der Ehe bot. Dämonen wurden für fähig gehalten, mit Menschen Sprößlinge zu zeugen, und Vaterschaft durch Vergewaltigung wurde in vielen unangenehmen Fällen von Illegitimität ihnen zur Last gelegt. Eine untreue Frau konnte ihrem Mann versichern, daß sie von einem Inkubus überfallen worden sei. Wenn ein Mann der Verführung angeklagt wurde, konnte er schwören, ein Inkubus müsse seine Gestalt angenommen haben.

Dieser gesellschaftliche Vorteil sexueller Dämonen hatte seine dunklere Seite. Ein Mädchen, das den Inkubus als Erklärung für ihre Schwangerschaft benutzte, konnte erleben, daß der Trick auf sie zurückschlug. Wenn sich niemand dafür entschied, ihre Geschichte von der Vergewaltigung durch einen Inkubus zu glauben, konnte es ihr geschehen, daß wegen freiwilligen Umgangs mit Dämonen sie geschlagen oder verbrannt wurde. Der Inkubus bot auch Ehemännern ein tückisches Mittel, eine unerwünschte Frau loszuwerden. Ein Mann bezichtigte einfach seine Frau, mit einem Dämon zu schlafen, und selbst wenn sie Folter oder Tod entging, konnte die Ehe annulliert werden.

Auf solche Weise verlagerten Christen des Mittelalters auf den Teufel einiges der Verantwortung für die Wünsche, die sie nicht einzugestehen wagten. Um ihr Schuldgefühl zu erleichtern, brauchten sie jemanden, den sie angreifen und bestrafen konnten. Zu verschiedenen Zeiten griffen sie Ketzer an, griffen sie Ungläubige an, griffen sie Juden an. Schließlich schufen sie die Gestalt der teufelanbetenden Hexe und griffen sie an.

Auf viele Arten erwiesen sich die Hexen als idealer Sündenbock. Kein Verbrechen war so übel, für das sie nicht angeklagt werden konnten, und keines war zu geringfügig. Ihr Vorhandensein lieferte eine genauso bequeme Lösung für Dorfspannungen wie für nationale Katastrophen wie die Pest. Mehr noch, Hexen konnten anders als Ungläubige und Juden in jeder Stadt, an jeder Straße – das heißt, *wo immer sie gebraucht wurden* – gefunden werden. Alle Gesellschaftsstufen, nicht nur Kleriker und Richter, sondern gewöhnliche Bürger, Handwerker und Arbeiter brauchten Hexen, weil irgend jemand für das Elend der Zeiten verantwortlich gemacht werden mußte.

Die Hexen waren in dieser Rolle so nützlich, daß sie eine Zeitlang sogar den ewigen, internationalen Sündenbock, den Juden, ersetzten. Es ist bezeichnend, daß die Behandlung der Hexen häufig in Zusammenhang gebracht wird mit der Behandlung, die man den Juden angedeihen ließ. Im mittelalterlichen Ungarn zum Beispiel wurden Hexen, die nicht vorbestraft waren, dazu verurteilt, einen ganzen Tag auf einem öffentlichen Platz zu stehen mit einem Judenhut auf dem Kopf. Juden wurden ebenfalls allgemein mit dem Teufel in Verbindung gebracht. Sie wurden mit Ziegenbärten dargestellt, mit einem aufdringlichen Geruch wie Ziegen und wie der Teufel und sogar mit Hörnern auf dem Kopfe. Juden wurden ebenso wie Hexen periodisch bezichtigt, Babys zu töten und die Hostie zu profanieren. Selbst die Wörter Sabbath und Sabbat sind eigentlich identisch.

An Orten und zu Zeiten, wo es viele Juden gab, gab es entsprechend wenige Hexenjagden und vice versa. In gewisser Weise war die genaue Beschaffenheit des benötigten Opfers, Jude oder Hexe, unwichtig. Alles, was zählte, war, daß jemand gesellschaftlich herausfiel oder so dargestellt wurde.

Nirgends läßt sich die Austauschbarkeit von Hexe und Jude als Sündenbock ausgeprägter sehen als in Spanien. Die spanische Inquisition ist gleichbedeutend mit mitleidloser Grausamkeit im Umgang mit Juden oder Mauren. Die Inquisitoren hatten in den spanischen Gebieten mehr als genug von ihnen, um sie vollauf beschäftigt zu halten. Sie schenkten Hexen kaum irgendwelche Aufmerksamkeit, und die Suprema, der die Richtlinien bestimmende Rat innerhalb der spanischen Inquisition, gab Anweisungen heraus, die deutlich implizierten, daß Hexerei eine Täuschung sei.

Verglichen mit der Hexenjagdmanie, die andernorts wütete, war diese Zurückhaltung erstaunlich – besonders da es in Spanien von Hexen des Zaube-

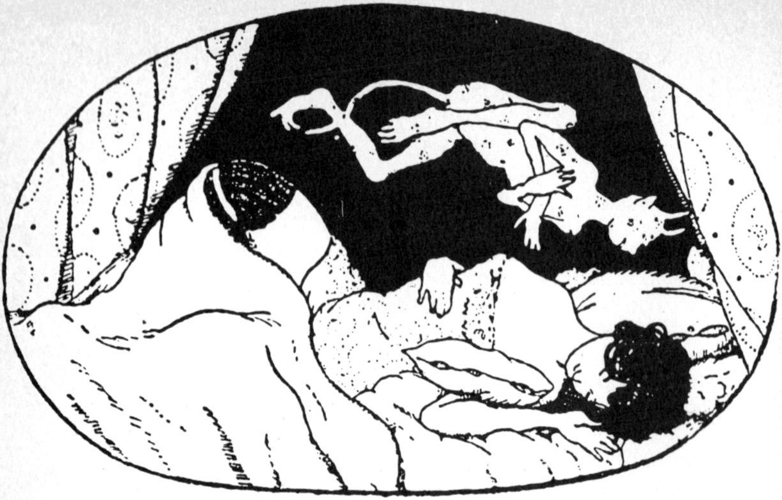

Eine russische Zeichnung aus dem späten 19. Jahrhundert von einem Mädchen und einem Inkubus, ein männlicher Dämon, der gesandt wurde, um mit einer weiblichen Hexe zu kopulieren. Vergewaltigung durch einen Inkubus wurde häufig als Ausrede für eine unerklärliche Schwangerschaft benutzt, doch die Frau, die sich auf eine solche Vergewaltigung berief und der nicht geglaubt wurde, lief Gefahr, der Hexerei angeklagt und vielleicht verbrannt zu werden.

Die Geschichte berichtet nicht, ob Frauen jemals Inkubi besiegt haben, aber auf dieser Zeichnung hat es den Anschein, daß wenigstens eine es tat. Ist die zornige Frau eine Unschuldige, die einen Inkubus schlägt, der versucht hat, sie zu vergewaltigen? Oder ist sie eine derart häßliche Hexe, daß der Inkubus bereit ist, die Gefahr des Zornes seines Herren auf sich zu nehmen, indem er sich weigert, mit ihr zu kopulieren? Vielleicht lernt er wie der Dramatiker Congreve: »Der Himmel hat keine Wut, wie in Haß verwandelte Liebe, noch die Hölle Raserei, wie eine abgewiesene Frau.«

Fernando Niño de Guevara, ein Kardinal der römisch-katholischen Kirche und Erzbischof von Sevilla, war zwischen 1599 und 1602 Großinquisitor von Kastilien und Aragonien. Die bedeutendsten Gestalten der Kirche nutzten ihre Macht zur Unterstützung der Verfahren der Spanischen Inquisition.

rinnentypes nur so wimmelte. Selbst heute wird geschätzt, daß sich die entlang der Atlantikküste zwischen Frankreich und Spanien gelegenen baskischen Provinzen eines höheren Anteils an Zauberinnen, Wahrsagern und Zauberern rühmen können als irgendein anderer Ort dieser Erde. Im Laufe des 16. Jahrhunderts kamen einige ortsbeschränkte Verbrennungen vor – bevollmächtigt durch einheimische Inquisitoren, die später von der Suprema zurechtgewiesen wurden –, doch diese Instanzen lösten keine allgemeine Panik aus.

Im Gegensatz zur Praxis der römischen Inquisition, die andernorts im katholischen Europa Hexenprozesse organisierte, verordnete die spanische Inquisition, daß die Anklage einer Hexe gegen andere nicht als Beweismaterial akzeptiert werden könne. Dies war ein Faktor von kritischer Bedeutung in der Ausübung von Zurückhaltung – und wäre er andernorts angewandt worden, hätte der Hexenwahnsinn niemals ausgelöst werden können. Doch ein anderer Faktor war die Anwesenheit der Juden in Spanien. Sie wurden zu Tausenden verbrannt. Der große amerikanische Historiker der Hexerei, Henry Charles Lea, lobt die »maßvolle Weisheit« der spanischen Inquisition im Hinblick auf die Hexerei. Doch waren die Inquisitoren den Hexen gegenüber nur deswegen maßvoll, weil sie mit einem greifbareren Sündenbock maßlos sein konnten.

Nur einmal ergoß sich der Hexenwahnsinn über die Pyrenäengrenze und löste in Spanien einen Ausbruch aus. Das geschah im Jahre 1610, als der brutale französische Richter Pierre de Lancre, der auf der anderen Seite des Gebirges Hexen zu Tausenden verbrannte, erklärte, daß die Hexen von den Fischereihäfen zu ihren Sabbaten nach Neufundland flögen. Eine plötzliche Panik fegte über das Baskenland. Die Zivilbehörden verhafteten eine Reihe von Leuten, die sie im Verdacht hatten, Hexen zu sein, und drei Richter der spanischen Inquisition trafen ein, um sie zu der Angelegenheit zu verhören.

Von Anfang an waren die Richter uneins. Das jüngste Mitglied, der Lizentiat Alonso de Salazar y Frías, wollte mehr Beweise sehen, die ihn überzeugten, daß in der Provinz Hexen am Werke seien. Die anderen beiden Richter teilten seine Skrupel nicht und befanden 30 der Angeklagten für schuldig. Am 7. November 1610 wurde ein *Autodafé* – eine öffentliche Erklärung des Urteils der Inquisition, auf die die Verbrennung der Verurteilten folgte – in der Provinzhauptstadt Logrono veranstaltet. Sieben der mutmaßlichen Hexen wurden verbrannt und fünf andere, die in der Gefangenschaft gestorben waren, wurden in effigie verbrannt. Die übrigen 18 gestanden im letzten Augenblick, baten um Gnade und wurden mit der Kirche wiederversöhnt.

Ihre Geständnisse waren von der üblichen Art. Sie gaben zu, der Teufel habe ihnen die Macht verliehen, ihre Gestalt zu verändern, Seestürme hervorzurufen und die Kastanien- und Apfelernten durch magische Gifte zu vernichten. Sie hätten Kinder gestohlen, Leichenfleisch gegessen und wöchentlich dem *aquelarre,* dem »Feld des Ziegenbockes«, dem spanischen Äquivalent des Sabbats, beigewohnt. Den Inquisitoren wurde die Lage des *aquelarre* in der Grenzstadt Zugarramurdi gezeigt. Es lag außerhalb einer großen Höhle, durch die ein Fluß, bekannt als Höllenstrom, verlief und umfaßte eine Bodenerhebung, auf dem angeblich der Thron des Teufels stand.

Die Suprema war mit den Ergebnissen des Tribunals alles andere als zufrieden und erließ ein Gnadenedikt, eine Periode, während derer Hexen ihre Verbrechen straflos gestehen konnten. Der junge Richter Salazar wurde von der Suprema beauftragt, weitere Untersuchungen durchzuführen, was er mit beeindruckender Gründlichkeit tat. Er verbrachte acht Monate damit, mit 1674 Leuten zu sprechen, die der Hexerei angeklagt waren oder sie gestanden hatten. Unter ihnen waren 1384 Kinder im Alter von sechs bis vierzehn. Die fünf Bände des Berichtes von Salazar legten das Gewebe von Widersprüchen im Beweismaterial und die Bosheit und Unwissenheit, welche dazu geführt hatten, bloß. Ein Bettler war für 147 der Anklagen verantwortlich.

Salazar packte seine schwierige Aufgabe auf bemerkenswert moderne Weise an, indem er die Wahrheit der individuellen Aussagen prüfte. Catalina de Lizardi behauptete, sie habe Sexualverkehr mit dem Teufel gehabt und dadurch eine Menge Blut verloren. Salazar stellte fest, daß sie noch Jungfrau war. Eine andere Frau, die sagte, der Teufel habe ihr drei ihrer Zehen genommen, hatte, wie man feststellte, noch alle zehn. Simona de Gabitia von San Sebastian sagte, sie habe eines nachts einen Hund gesehen und verwundet und habe dann dieselbe Wunde an einer Frau von bösem Ruf entdeckt. Salazar fand keinen Beweis dafür. Er probierte die angeblichen Hexengifte für Tiere aus und stellte fest, daß sie harmlos waren. In Santesteban beschrieben einige Jungen einen *aquelarre,* den sie angeblich beobachtet hätten. Es traf sich, daß zwei von Salazars Sekretären am genannten Ort zur genannten Zeit gewesen waren und nichts gesehen hatten. Sechsunddreißig Leute, die die Stelle eines weiteren *aquelarre* angaben, machten alle abweichende Angaben über den Ort.

Salazar fand 1672 Fälle von Meineid und falschem Zeugnis und zahlreiche Beispiele von Zeugen, die bestochen worden waren, um irgend jemandes Feind zu denunzieren. Er schloß: »Und so, nachdem ich alles mit der angemessenen Objektivität und Redlichkeit abgewogen habe, bin ich zu der Überzeugung gelangt, und werde weiter dabei bleiben, daß keine der Handlungen, die in diesem Fall bezeugt wurden, wirklich oder physisch überhaupt sich ereignet haben.«

Die Suprema akzeptierte Salazars Schluß. Als Ergebnis der Reihe von Instruktionen, die sie zur Anleitung zukünftiger Ermittelnder erließ, fand die Hexerei in Spanien – das heißt die Hexerei des böswilligen, teufelverehrenden Typs – im Grunde ein Ende. Spanische Zauberinnen durften mit ihren Liebeszaubern und ihrer Wahrsagerei fortfahren, wie sie sie relativ ungestört seit Jahrhunderten betrieben hatten. Die Juden und Mauren wurden natürlich weiterhin gehetzt und verbrannt.

Salazars Erfolg war zu jener Zeit einzigartig. Andernorts erhoben sich gelegentlich tapfere Stimmen gegen den Hexenwahnsinn. Der Jesuit Friedrich von Spee, dessen Haar weiß wurde, nachdem er Zeuge der Schrecken in den Folterkammern von Würzburg geworden war, wurde von seinen Vorgesetzten wegen der Veröffentlichung seiner Kritik ins Gefängnis geworfen. Der Widerstand des deutschen Pastors Michael Stapirius ist nur deswegen bekannt, weil Auszüge aus seinen verlorengegangenen Schriften von einem seiner holländischen Anhänger in einem Buch veröffentlicht wurden, von dem nur ein einziges Exemplar erhalten blieb.

Mehr als die Argumente vereinzelter Individuen war nötig, um die Verfolgungen der Hexerei zu beenden. Sie kamen erst zum Ende, als die Menschen die Welt nicht länger als Schlachtfeld zwischen Gott und dem Teufel betrachteten. Die Leute fingen nicht an, am Ende des 17. Jahrhunderts ihren Glauben an den Teufel zu verlieren, sondern sie verlagerten ihre Aufmerksamkeit auf andere Angelegenheiten – auf die Wissenschaft, auf Beobachtungen der materiellen Welt, auf verifizierbare Tatsachen. Die Menschen suchten weiter nach Sündenböcken, aber sie suchten sie nicht länger unter Männern und Frauen im Bunde mit dem Teufel. Nun waren diejenigen an der Reihe, die durch ihre andersartige Farbe, Rasse oder politische Überzeugung auffielen. In diesem Jahrhundert waren in Deutschland erschreckenderweise wieder die Juden an der Reihe. Ob die menschliche Rasse in Zeiten der Ungewißheit immer Sündenböcke suchen wird, läßt sich unmöglich sagen.

Vom 18. Jahrhundert an wurde Hexerei im allgemeinen als eine Illusion der Vergangenheit, eine Irreführung Unwissender betrachtet. Von jemandem zu sagen, »er glaubt an Hexen«, hieß zu sagen, »er ist ein Ignorant«. Diese rationalistische Haltung des Nicht-Glaubens an das Okkulte schwang zu weit und hat in den letzten Jahren begonnen, wieder zurückzuschwingen.

Moderne Hexerei jedoch befriedigt andere Bedürfnisse als die Hexerei der Vergangenheit. Ihre bedeutendste Stärke liegt in der Herstellung einer Situation, in der auf rituelle Weise Anbetungshandlungen vollzogen werden können. Beide, Ritual und Anbetung, scheinen fundamentale Bedürfnisse der meisten Menschen zu sein, und da der Einfluß des Christentums schwindet, sind die zahlreichen »weißen« Sekten moderner Hexerei entstanden, um diesem Bedürfnis entgegenzukommen. Einer der anziehenden Züge ist fast gewiß die kleine Gruppe der Verehrer in jedem Bund. In einer Gruppe von 9 oder 11 oder 13 kann jedes Individuum das Gefühl haben, er oder sie habe bei den Zeremonien eine wesentliche Rolle zu spielen.

Einige Sekten messen die Vorstellung der Kontinuität mit alten vorchristlichen Religionen besondere Bedeutung bei. Die gegenwärtige Forschung hat die Behauptung, daß die Rituale eines heidnischen Fruchtbarkeitskultes – der die Große Mutter und den Gehörnten Gott verehrt – im Geheimen 2000 Jahre hindurch den heutigen Verehrern überliefert wurden, nicht bestätigt. Tatsächlich ist die Anhänglichkeit einiger weißer Hexen an eine solche Behauptung wahrscheinlich auf doppelte Weise deplaziert. Mehrere blühende christliche Sekten von heute entstanden im 19. Jahrhundert, als ihre Gründer zu dem zurückkehrten, was sie als die Grundprinzipien des Christentums ansahen. Die heutige weiße Hexerei verbessert ihre Position, wo immer sie romantische Erzählungen von Überdauern durch Jahrhunderte der Verfolgung hindurch abschütteln kann und sich kühn als eine 20.-Jahrhundert-Rückkehr zu den Grundprinzipien aller Religion darstellt: Ehrfurcht vor den geheimnisvollen Mächten des Daseins und der Schöpfung.

Ein letzter Zweck und Sinn des Lebens bleibt ungewiß. Das Universum ist unendlich groß, und die Struktur eines jeden Stäubchens ist von verwirrender Komplexität. Als wollten wir unsere Bewußtheit der Komplexität und Weiträumigkeit der Außenwelt kompensieren, haben wir allmählich erkannt, daß die im menschlichen Geist verborgenen Kräfte noch kaum erschlossen sind. Es ist unser unvermindertes Bedürfnis, »das Universum zu groken«, wie es Robert Heinleins Marsmänner ausdrücken würden. Hexerei ist einer der Wege, den einige von uns suchen, um das Selbst zu überwinden und mit anderen Geistern, Prozessen und Geschicken eins zu werden.

NACHWEIS DER ABBILDUNGEN

6(o): U. P. I. Photo, New York; 6(u): Syndication International Ltd., London; 9(o): The Bettmann Archive; 9(u): Aldus Archives; 12: Ullstein Bilderdienst; 13: C. Maitland/Camera Press Ltd.;14(o): J. Bitsch/ZEFA; 14(u): Radio Times Hulton Picture Library; 19(o): U. P. I. Photo, New York; 19(u): Aldus Archives; 23(o): The Bettmann Archive; 23(u): Roger-Viollet; 26, 27, 30: Aldus Archives; 31: The Mansell Collection, London; 33: Pomorskie Museum, Danzig/Scala; 34: Aldus Archives; 35: Snark International; 38: Museo Civico, Bologna/Scala; 39: British Library Board; 41: Snark International; 42: Documentation Cauboue; 45: Bibl. des Arts Décoratif/Photo Bulloz; 46: Photo Michael Holford; 47: Transworld; 48: Robert Estall/Photos Brian Innes; 50: J.-L. Charmet; 51: Snark International; 54: Photo Friedrich Schult Courtesy Nikolaus Barlach; 55: J.-L. Charmet; 58(o): Roger-Viollet; 58(u): Photo Claude Michaelides © Aldus Books; 59: J.-L. Charmet; 60(o): Radio Times Hulton Picture Library; 60(u): Roger-Viollet; 63: J.-L. Charmet; 64: Bildarchiv Preußischer Kulturbesitz, Berlin; 65: Süddeutscher Verlag; 66: The Mansell Collection, London; 68(o): J.-L. Charmet; 68(u): Bildarchiv Preußischer Kulturbesitz, Berlin; 69: The Mansell Collection, London; 70: J.-L. Charmet; 76(o), 78: Snark International; 76(u): Mary Evans Picture Library; 80: Aldus Archives; 81: J.-L. Charmet; 83, 86(o): Aldus Archives; 86(u): Mary Evans Picture Library; 93: The Bettmann Archive; 96(o): American History Picture; 96(u): American History Picture Library, Essex; 97: The Bettmann Archive; 99: Courtesy of Essex Institute, Salem, Mass.; 102: The Bettmann Archive; 103, 104(o), 105: American History Picture Library, Essex; 104(u): Massachusetts House of Representatives; 110(o): Robert Estall; 110(u): Picturepoint, London; 112: Terence Spencer, Colorific; 116, 119: J.-L. Charmet; 117: Mary Evans Picture Library; 121: City of Manchester Art Galleries; 122: Photos Bulloz; 123: J.-L. Charmet; 126: John Moss: Colorific; 127(o): Dr. P. Schmidt/ZEFA; 127(u): Tom Hollyman (Photo Researchers); 128: Prado, Madrid/Scala; 139: American History Picture Library, Essex; 145: Associated Press; 150: The Bettmann Archive; 151: Snark International.

Daniel Farson

Vampire und andere Monster

Aus der Reihe
»Die Welt des Übersinnlichen«

Ullstein Buch 3505

ein Ullstein Buch

Worauf beruht der erstaunlich weitverbreitete Glaube an Vampire — jene schaurigen Geschöpfe, die sich aus dem Grabe erheben, um das Blut der Lebenden zu saugen? Wie entstand der Glaube an die Zombies, die lebenden Toten, die Haiti unsicher zu machen scheinen, oder an den Werwolf, der — halb Mensch, halb Wolf — seine Opfer wie ein wildes Tier zerreißt? Wurde China tatsächlich von eine Rasse von Riesen bewohnt? Aus welchem dunklen Winkel seines eigenen Unbewußtseins schöpft der Mensch diese fürchterlichen und langlebigen Bilder? Die Fragen, die Farson stellt, sind reizvoll und verwirrend; seine Antworten sind oft überraschend. Denn selbst heute noch ist die Welt ein furchterregender Ort — und in der Finsternis lauert ein Raubtier in Menschengestalt . . .

Stuart Holroyd

Zaubersprüche und Zahlenmagie

Aus der Reihe
»Die Welt des Übersinnlichen«

Ullstein Buch 3518

ein Ullstein Buch

Die meisten von uns würden gerne Macht besitzen — die Macht, das zu erlangen, was wir uns wünschen — Macht, zu tun, was wir wollen — sogar Macht über andere. Über Jahrhunderte hinweg haben Männer und Frauen solche Macht in den Ritualen und Formeln der Magie gesucht. Einige haben sich der alten Weisheit der Kabbala zugewendet; einige haben nach verborgener Bedeutung in Wörtern gesucht; andere haben geglaubt, daß Zahlen den Schlüssel enthalten. Aber sie alle haben versucht, die geheimnisvolle Welt, in der wir leben, zu verstehen und zu beeinflussen. Ihre Suche ist eine faszinierende, und noch immer existieren — oft fragmentische — Aufzeichnungen, die andeuten, was sie entdeckten und welche Kräfte ihnen zu beherrschen gelang. Jedoch bleibt eine quälende Frage: gibt es Gesetze, andere als die vertrauten Naturgesetze, die von Menschen gebraucht werden können, um besondere und bemerkenswerte Fähigkeiten zu erwerben?

Sir Arthur Conan Doyle

Im Zeichen der Vier

Ullstein Buch 2744

ein Ullstein Buch

Schon seit vier Jahren war Captain Morstan in London spurlos verschwunden, als sein einziger Freund, den er in der Riesenstadt hatte, Major Sholto, starb. Unter undurchsichtigen Umständen. Nahm der Major ein Geheimnis mit ins Grab? — Vier Wochen später erhält Morstans Tochter Mary ein Päckchen. Es enthält eine ausgesucht schöne, kostbare Perle — Absender unbekannt. Dasselbe wiederholt sich im nächsten Jahr und in den darauffolgenden, immer am gleichen Tag. Insgesamt sechsmal kommt ein solches Päckchen, immer mit dem gleichen Inhalt — immer Absender unbekannt. Doch dann trifft ein Brief ein, der sie auffordert, sich zu bestimmter Stunde an einem bestimmten Ort einzufinden. Sie folgt der Aufforderung, aber sie geht nicht allein: Sherlock Holmes und Dr. Watson sind mit von der Partie . . . Ein typischer Conan Doyle, voller Spannung, überraschender Verwicklungen, irreführender Spuren und mit einer ebenso überraschenden wie brillanten Lösung.

Sir Arthur Conan Doyle

Die brasilianische Katze

Ullstein Buch 2779

ein Ullstein Buch

Marshall King ist zwar Erbanwärter auf den Titel und den großen Reichtum seines Onkels, Lord Southerton, aber er führt, von Schulden belastet und Gläubigern bedrängt, eine ärmliche Existenz. Um so willkommener ist ihm eine Einladung seines Vetters Everard, der nach einem abenteuerlichen Leben in Brasilien in Suffolk einen ansehnlichen Landsitz erworben hat. Schon bei der ersten Begegnung zeigt sich Everard liebenswürdig, aufgeschlossen, verständnisvoll, ja sogar hilfsbereit. Voller Stolz führt Everard den Vetter durch den Besitz, die Privatmenagerie mit einer Fülle exotischer Tiere, deren Krönung »Tommy«, die brasilianische Katze ist, eine riesige tiefschwarze Bestie, blutrünstig und abstoßend, der keiner außer Everard nahe zu kommen wagt. Doch in krassem Gegensatz zu Everards Herzlichkeit steht das Verhalten seiner Frau. Vom ersten Augenblick an begegnet sie Marshall voll kalter Abneigung, ja unverhohlenem Haß und tut alles, um den offensichtlich unerwünschten Gast so schnell wie möglich zu vertreiben. Ratlos steht Marshall diesem unerklärlichen Verhalten gegenüber, bis eine unerwartete Begegnung mit der brasilianischen Katze und die grauenhaften Erlebnisse einer Nacht voll tödlicher Gefahr ihn die wahren Zusammenhänge durchschauen lassen.